W0109980

EKKEHARD WIEDERHOLZ

Die 150 besten Anglertricks

EKKEHARD WIEDERHOLZ

Die 150 besten
ANGLER-
TRICKS

Grundangeln

Stippangeln und Posenfischen

Spinnangeln

Fliegenfischen

Bau von Kleingeräten

Vierte Auflage

Die Deutsche Bibliothek – CIP-Einheitsaufnahme

Wiederholz, Ekkehard:
Die 150 besten Anglertricks : Grundangeln,
Stippangeln und Posenfischen, Spinnangeln,
Fliegenfischen, Bau von Kleingeräten /
Ekkehard Wiederholz. – 4. Aufl. –
München ; Wien ; Zürich : BLV, 1999
    ISBN 3-405-15167-8
NE: Wiederholz, Ekkehard: Die hundertfünfzig
    besten Anglertricks; Die hundertfünfzig besten
    Anglertricks; HST

Bildnachweis:
Titelbild: H. Hansen
Einklinker: E. Wiederholz
Innenteil gesamt: E. Wiederholz

Umschlaggestaltung: Studio Schübel, München
Layout: GrafikDesign M+S Hawemann, Berlin
Lektorat: Gerhard Seilmeier

BLV Verlagsgesellschaft mbH
München Wien Zürich
80797 München

Druck: Druckerei Manz, München
Bindung: Conzella, München

Gedruckt auf chlorfrei gebleichtem Papier

Printed in Germany · ISBN 3-405-15167-8

INHALTSVERZEICHNIS

5

VORWORT

Anglertricks sind unentbehrlich. Wer zu den erfolgreichen Anglern gehören will, kommt ohne sie nicht aus. Nur wenige Meter voneinander am gleichen Ufer entfernt, kommen Angler unterschiedlich zum Erfolg. Schnell und ohne Pannen ist ihr Gerät zusammengebaut. Ihre Köder sind frischer und lebendiger, obwohl sie kurz vorher beim gleichen Händler gekauft wurden. Sind ihre künstlichen Köder nicht mehr brauchbar, oder haben sie diese vergessen, basteln sie sich rasch und gekonnt Ersatz.
Voll Bewunderung sehen wir diesen Könnern auf die Finger. Man kann nur ahnen, wieviel Kosten, Zeit und Geduld für das Herausfinden dieser zahllosen Kniffe und Tricks aufgebracht wurden. Oft verraten nur selbstlose Freunde eigene Tricks. Die meisten erfolgreichen Angler müssen sich diese mühevoll erst selbst erarbeiten.
Das Buch »Die 150 besten Anglertricks« zeigt durch informative Fotos, Zeichnungen und kurze erläuternde Texte die bewährten Anglertricks für Gerät, Zubehör und Hilfsmittel sowie für Köder und Köderführung. Aber auch Informationen zur Fangtechnik, zum Vorhalten am Wasser und über unvorhergesehene Notfälle und Pannen werden vermittelt. Da weit mehr als 150 Anglertricks behandelt werden, kommt auch der Leser auf seine Kosten, der selbst schon eine ganze Menge Tricks selber kennt.
Das Taschenbuch ist dazu in fünf Kapitel gegliedert: Grundangeln, Stipp- und Posenfischen, Spinn- und Schleppangeln, Fliegenfischen und ein Kapitel mit allgemeinen Verhaltentips.
Das handliche Format des Buches und der flexible Einband ist dafür geeignet, auch von Petrijüngern zur Erprobung mit an das Wasser genommen zu werden, um die praxisbewährten Anregungen nachvollziehen zu können.

Petri Heil wünscht Ihnen dazu...

Ekkehard Wiederholz

Grundangeln

Anbißbegünstigendes Zusatzgerät

Das Grundblei — überaus wichtig

Beim Grundangeln wird der Köder den sich in Grundnähe aufhaltenden Fischen »am Grund« angeboten. Um den Köder dorthin absenken zu können, werden meist Blei- oder auch Ersatzgewichte der unterschiedlichsten Formen und Größen benutzt. Sie ziehen den Köder nach unten und halten ihn dort fest, selbst bei den unterschiedlichsten Boden- und Strömungsverhältnissen.

Aber ganz so einfach und problemlos, wie das klingt, ist es leider nicht. Der Angler muß nämlich zuerst einmal darauf achten, daß Gewicht, Form und Größe des Grundbleis auch den jeweils vorherrschenden Strömungs- und Bodenverhältnissen des gerade beangelten Gewässerabschnittes angepaßt sind. Das Blei darf auch bei stärksten Strömungen nicht abgetrieben werden. Es muß, soweit es sich dabei nicht um ein spezielles Treibblei, wie z.B. die »rollende Kugel« handelt, den Köder möglichst unverrückbar fest an ein und derselben Stelle festhalten. Allerdings nur so fest, daß sich das Blei dort vor seinem nächsten Auswerfen ohne große Anstrengung, wenn auch eventuell nach einigen Zupfbewegungen, wieder lösen läßt. Die Grundbeschwerung darf außerdem in weichem Boden nicht allzutief einsinken und sollte sich auf sperrigem Boden nicht unlösbar festkrallen.

9

Die Grundbleimontage sollte des weiteren einen ungehemmten Schnurdurchlauf gewährleisten. Der Fisch darf schließlich beim Ergreifen des Köders nicht merken, daß er beangelt wird. Besonders in stark »überfischten« Gewässern sind die Fische äußerst mißtrauisch und reagieren sehr schreckhaft, wenn sie einen zwar leckeren Köder finden, mit diesem dann aber nicht frei und ungehindert abziehen können.

Im Idealfall sollte sich also die Angelschnur ohne den geringsten Widerstand durch die Grundbleimontage durchziehen lassen, wenn der Fisch mit dem Köder wegschwimmen oder ihn auch gleich am Fundort hinunterschlucken will. Meist läuft die Schnur hierbei durch oben am Grundblei angebrachte Ösen, Wirbel oder Seitenzweige mit Ösen. Wünschenswert dabei ist es, daß die oben am Grundblei oder Seitenzweig angebrachte Öse auch wirklich immer »nach oben« zeigt und dabei möglichst noch einige Zentimeter über dem Boden gehalten wird, damit sich die Schnur nicht so leicht an sperrigen Bodenhindernissen verhängen kann.

Ein unmittelbarer Schnurdurchlauf durch das Grundblei selbst ist nur dort zu vertreten, wo der Gewässerboden absolut fest und eben ist, das Grundblei also nicht in den Boden einsinken und die Schnur an den beiden Lochmündungen abgeknickt werden kann. Der hieraus resultierende Schnurdurchlauf würde dann nämlich jeden größeren und damit meist auch vorsichtigeren Fisch veranlassen, den einmal eingeschlürften Köder gleich wieder auszuspucken.

Wenn das Grundblei einmal unten »hängen« bleibt

Große Fische stehen, insbesondere in »überfischten« Gewässern, oft an schwer erreichbaren bzw. anzuwerfenden Gewässerstellen. Der Gewässerboden ist dort meist sehr uneben oder mit sperrigen Hindernissen bedeckt. Im Nu hat sich das Grundblei dort unten schier unlösbar festgekrallt, sei es daß es z.B. durch eine widrige Strömung in irgendeine Felsspalte hineingedrückt oder der Wurf einmal nicht ganz so zielgenau ausgeführt wurde.

Die Grundbleimontage sitzt dann schier unlösbar am Boden fest. Jetzt hilft nur noch rohe Gewalt und ... eine neue Montage!

Wer hier trotzdem noch weiterfischen will, sollte sich zumindest nach einem billigen Bleiersatz umschauen, z.B. nach Vorhangblei, alten Auswucht-Gewichten von Autoreifen oder selbst gegossenen Bleigewichten mit biegsamen Greifarmen, die sich bei stärkerem Ziehen gleich aufbiegen und die gesamte Grundbleimontage wieder freigeben. Sie werden schon von vornherein als »Selbst-Löser« konstruiert und leisten uns auch bei der Brandungsangelei am Meer beste Dienste.

Köder – Spezialmontagen – Auswerfen mit dem »Gabelstock«

Spezialmontagen

Ohne Köder geht normalerweise gar nichts. Selbst mit dem besten und teuersten Angelgerät läßt sich ohne Köder kein Fisch fangen. Wenigstens nicht mit den normal üblichen Angelmethoden. Daß es dagegen mit spielerischen, absolut unüblichen Methoden zuweilen möglich ist, leere Angelhaken, am besten Goldhaken, solange vor den Fischen herumtanzen zu lassen, bis dieselben schließlich doch zupacken, soll hier nicht als übliche Angelmethode weiter propagiert werden.

Ein und derselbe Köder kann mittels zweier unterschiedlicher Montagevarianten einmal für die Fische weniger attraktiv, einmal jedoch äußerst attraktiv montiert werden. Einmal rutscht derselbe Köder zu einer leblosen unattraktiven Fleischmasse im Hakenbogen zusammen. Das andere Mal hingegen schlängelt sich der Köder in weiten und lebensvortäuschenden Bögen, Schlingen und Schlaufen um den Haken herum, verdeckt diesen dabei und lenkt die ganze Aufmerksamkeit des Fisches, wie es ja auch immer sein sollte, auf sich selbst, den eigentlichen Köder.
Außergewöhnliche Umstände, wie z.B. außergewöhnliche Fischstandorte, verlangen manchmal nach ebenso außergewöhnlichen Ködermontagen. Mit den üblichen Montagen würde man sich an einem solchen Standort innerhalb kürzester Zeit unrettbar und unlösbar verhängen.

11

Die größte Chance, daß der Köder an diesem außergewöhnlichen Fischstandort überhaupt genommen wird und daß man den sich wild wehrenden Fisch aus seinem verwinkelten Versteck auch sicher herausdrillen kann, gewährt dabei nur die weiter unten behandelte Köder-Sondermontage!

Auswerfen mit dem »Gabelstock«

Die spezielle Beangelung von Groß-Raubfischen oder auch »örtliche« Befischungsgebote erfordern es manchmal, Groß-Raubfische nur mit riesengroßen Köderfischen anzuwerfen. Das allerdings ist nicht ganz unproblematisch, da ja die Köderfische dabei ohnehin schon bis zu etwa 500 g wiegen können. Kommt dazu noch ein Grundblei von etwa 100–300 g, um den Köder weit genug auswerfen oder in stärkerer Strömung unten am Grund halten zu können, so kann sich ein Gesamt-Wurfgewicht von etwa 700–800 g ergeben. Wenn man ein solches Gewicht aber von einer normal starken Gerte »direkt von der Rute« werfen wollte, würde diese erheblich überlastet und im Spitzenteil sofort abbrechen.

Hier muß man sich schon etwas anderes einfallen lassen, um einen Rutenbruch zu vermeiden, und das wäre das Auswerfen des super-großen und -schweren Köderfisches mit Hilfe eines »Gabelstockes«. Die eigentliche Angelrute wird dabei zum Ausschwingen des Köders überhaupt nicht benutzt und ganz einfach, zum Wasser gerichtet, mit ihrem Spitzenteil schräg nach oben in einen flacheren Gabel-Rutenhalter gelegt, so daß die vom ausgeworfenen Groß-Köder nachgezogene Schnur reibungslos von der Rolle abgezogen werden kann (s. auch Seite 23).

Anfüttern steigert den Angelerfolg

Anfütterungsbehälter

Zweifellos steigert Anfüttern den Angelerfolg. Anfüttern während des Angelns selbst ist am wirksamsten, wenn es gelingt,

12

die Anfütterungsmasse möglichst in unmittelbarer Nähe des eigenen Angelhakens zu plazieren. Das wird dabei am besten erreicht, wenn man die Anfütterungsmasse möglichst vorfach-nah, z.B. in einem kleinen Anfütterungsbehälter zwischen Vorfach und Hauptschnur an letzterer anbringt. Der längs des Vorfachs entlangrieselnde Futterregen lockt dann die Fische zum eigentlichen Angelköder.

Anfütterungsbehälter, die stärkeren Strömungen ausgesetzt werden, müssen, um von der Strömung nicht über den Boden gerollt zu werden, mit eigenen kleinen Bleibeschwerungen ausgestattet werden.

Je nach Köderinhalt können die Anfütterungsbehälter aus den verschiedensten Materialien gefertigt sein, z.B. aus grobporigem Material, wenn sie mit hineinzuknetenden Teigködern bestückt, oder aus mit kleinen Löchern versehenen Plastikröhrchen, wenn sie z.B. mit Maden oder Nymphen gefüllt werden sollen.

Anfüttern mit »Duftspur«

Eine möglichst »aromareiche« Anfütterungsart ist die Wurm-Anfütterung mit Hilfe von am Boden verankerten Grassoden. Sie erweist sich als unschlagbar bei der Befischung von Aalen und allen Arten größerer Friedfische.

Fangbegünstigende Gerätemontagen

Wie schon weiter oben erwähnt, muß die Angelschnur immer möglichst »widerstandsfrei« durch die Grundblei-Ösen laufen. Einen erhöhten Reibungswiderstand würden die Fische sofort bemerken, den Köder ausspucken und die Flucht ergreifen. Verhindert werden kann diese Gefahr jedoch sehr leicht, wenn die Schnur-Durchlauföse des Grundbleis »immer nach oben« gerichtet ist. Dann liegt sie so, daß die Schnur sie frei und ohne jeglichen Widerstand passieren kann und die Fische nicht vorzeitig gewarnt werden. Mit einer kleinen Hand- bzw. Gertenbewegung ist dieses »Ösen-nach-oben-Plazieren« leicht zu realisieren.

Bei ganz vorsichtig oder blitzschnell anbeißenden größeren Friedfischen ist es gar nicht immer so leicht, den zur richtigen Zeit
abgepaßten Anhieb zu setzen. Ein einige Sekundenbruchteile zu
früh oder zu spät gesetzter Anhieb würde die Fische meist dazu
veranlassen, den Köder gleich auszuspucken.
Dies kann jedoch nicht passieren, wenn wir uns einer speziellen
»Flucht-Montage« bedienen! Sie wirkt wie ein »automatischer
Anhiebsetzer«. Der Fisch wird hierbei also immer rechtzeitig ange-
schlagen. Wir brauchen dabei überhaupt nicht in Tätigkeit zu tre-
ten. Das macht unser »automatischer Anhiebsetzer« alles von
ganz allein!

Bißanzeiger

Nicht jeder Anbiß an der Grundangel macht sich gleich so markant
bemerkbar, wie es der Angler z.B. bei einer temperamentvoll
anbeißenden kleineren Barbe oder einem kleineren Aal gewohnt
ist. Manchmal erkennt er den Anbiß auch nur an einem kaum
merklichen Zupfen an der Schnur. Ein so schwacher Anbiß würde
z.B. eine schräg nach oben gerichtete Rutenspitze nie in deutlich
wahnehmbare Ruckbewegungen versetzen können. Schließlich
verläuft ja die Angelschnur nur selten in einer geraden Linie zwischen Angler und Köder. Und liegt sie in mehreren Bögen, also in
Schlangenlinien im Wasser, müssen diese erst einmal vom Fisch
in eine Gerade gezogen werden, ehe ein Anbiß sichtbar wird.
All dies beeinträchtigt natürlich das Wahrnehmen des Anbisses.
Die Schnur reagiert nicht oder nicht empfindlich genug auf einen
leichten Anbiß. Zudem läßt auch erfahrungsgemäß die Aufmerksamkeit des Anglers mit der Zeit nach, besonders, wenn sich längere Zeit nichts gerührt hat. Ein ganz leichter und super-vorsichti-
ger Anbiß wird so glatt übersehen. Wieder Leben in die Sache
kommt jedoch mit einem Schlag, verwendet der Angler kleine, das
schnelle und mühelose Erkennen auch vorsichtigster Anbisse för-
dernde Hilfsmittel, wie z.B. spezielle »Bißanzeiger«.
Als Beispiele seien hier die sogenannten »Hänge-Bißanzeiger«
angeführt, die man ohne oder, bei Bedarf zur Nachtzeit, auch mit
»Knicklicht« bestücken oder benutzen kann. Für ihren Gebrauch

bei Sturmwind können diese Bißanzeiger auch mit Zusatzbeschwerungen versehen werden, damit sie nicht dauernd hochgezogen werden und so einen Anbiß vortäuschen, der gar nicht stattgefunden hat.

»Hänge-Bißanzeiger« werden am besten in einen zwischen zwei Schnurlaufringen tief herabgezogenen Schnurbogen, der waagerecht in zwei gleichhohen Gabel-Rutenhaltern abgelegten Gerte eingehängt. Voraussetzung für das einwandfreie Funktionieren all dieser gleichartigen Hänge-Bißanzeiger ist allerdings, daß die Schnur für den anbeißenden Fisch sofort und leicht abziehbar an der Rolle oder Gerte festgeklemmt werden kann.

Anders als die oben beschriebenen Hänge-Bißanzeiger arbeiten die »Klapper«-, »Geräusch«-, »Rutsch«- und »Schleif«-Bißanzeiger, die weiter unten, im Bildteil dieses Kapitels, eingehend beschrieben werden.

Ihnen allen gemeinsam ist aber, daß sie sehr empfindlich sind und auch die kleinsten Zupfbewegungen der Angelschnur sofort und markant übertragen!

Anbißbegünstigendes Zusatzgerät

Wie wir ja wissen, stehen große, vorsichtige oder vergrämte Fische oft an sehr hindernisreichen Gewässerstellen. Wollen wir die Fische dort trotzdem beangeln, bleiben wir mit unserem Grundblei sehr oft an Bodenhindernissen hängen. Im Nu ist es abgerissen, und nicht nur das Grundblei, sondern auch die ganze Fangmontage. Das aber läßt sich ändern, wenn wir das eigentliche Grundblei so am Seitenzweig montieren, daß es bei stärkerem Zug einfach «nach unten abgestreift« werden kann und der übrig bleibende Schwebekork die ganze Ködermontage nach oben drückt und damit freigibt.

Das »Anti-Hänger-Schwebekork-Stehaufmännchen« ist schnell zusammengebastelt. Wir knüpfen dazu nur einen winzigen Einhängewirbel an ein etwa 20 cm langes Stückchen Monofilschnur des Durchmessers von 0,35–0,50 mm. Dann wird das Korkstückchen oder die Korkkugel bis dicht unter den Wirbel geschoben. Einige Zentimeter darunter zwicken wir einige größere

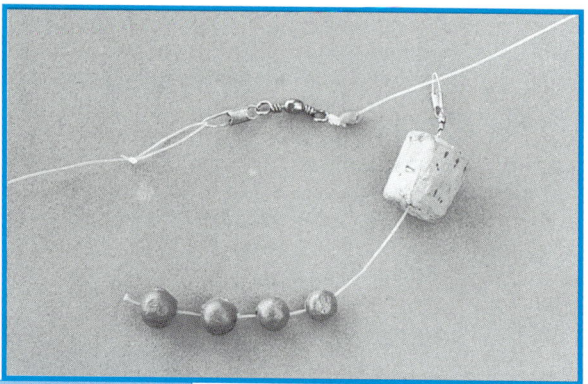

1

*»Anti Hänger«-
Schwebekork-
Stehaufmännchen*

Bleischrote »nicht allzu fest« an der Schnur an. Das Schnurende des etwa 10 cm langen Seitenzweiges wird nicht verknotet, sondern mit einer durch eine Zündholzflamme gefertigten kleinen »Schmelz-Verdickung« versehen.

Bleiben wir irgendwo »hängen«, brauchen wir nur etwas stärker an der Angelschnur zu ziehen, und die Bleischrote schieben sich nach unten über die Schnurverdickung und geben damit die Angelmontage zur Aufdrift nach oben hin frei.

Grundbleie müssen gewichtsmäßig des öfteren unterschiedlichen Wurfweiten oder Strömungsstärken angepaßt werden. Das läßt sich leicht und blitzschnell bewerkstelligen, wenn man sich den aus der nebenstehenden Abbildung ersichtlichen Drahtbügel aus 1 mm starkem Stahldraht zurechtbiegt. Er wird oben mit einer kleinen Öse versehen, die die Federkraft des Drahtbügels vergrößert sowie das seitliche Verrutschen des anzubringenden Seitenzweiges verhindert. Unterhalb der Öse wird ein kleiner »Wulst-Kopf« in den Drahtbügel gebogen, damit die Beilagscheiben nicht nach oben hin verrutschen können. Die unteren nach außen ragenden Drahtbügelenden verhindern ein Abrutschen der Beilagscheiben nach unten.

Neue Beilagscheiben jeglicher Größen können in jedem Eisenwarengeschäft billig gekauft werden. Gebrauchte Scheiben schenkt

16

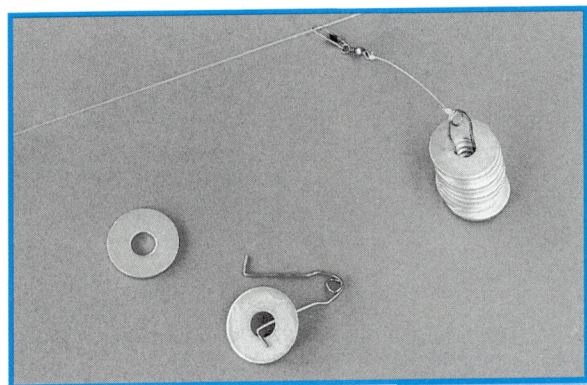

2

uns ein Mechaniker oder unser Tankwart. Das Gesamtgewicht variiert zwischen einigen wenigen und etwa 100 g.

Variables Grundblei am Seitenzweig

Auf den Drahtbügel aufgeschoben werden die Belagscheiben entweder »von oben her«: Man stellt dazu den Drahtbügel mit seinen herausragenden Füßen auf eine feste Unterlage und drückt dann nur noch eine entsprechende Menge Beilagscheiben oben über den »Wulst-Kopf« nach unten. Man kann die Beilagscheiben aber auch »von unten herauf« auf den Drahtbügel montieren, wenn man beide Drahtarme zusammendrückt und erst das eine und dann das andere, nach außen ragende Drahtarmende durch das Loch der Beilagscheibe schiebt.

Sowohl beim Meeres- als auch beim Süßwasserangeln kann es von Vorteil sein, wenn der angebotene Köder knapp oder auch weiter oben über dem auf dem Grund aufliegenden Grundblei »in der Schwebe« gehalten wird. Die eigentliche Auftriebsdistanz zum Grundblei wird dabei durch den links neben der Seitenzweigöse auf der Hauptschnur angebrachten »abrutschsicheren Stopper« mit davor sitzender Perle bestimmt. Die Länge des vorher eingestellten, links auf dem Bild befindlichen »Auftriebs«-Vorfachteils kann 1 m und mehr betragen.

Den schlanken, nur etwa 2–4 cm langen Auftriebskörper fertigt man sich aus Hartschaum, Balsaholz oder Kork an. Er ist, wie

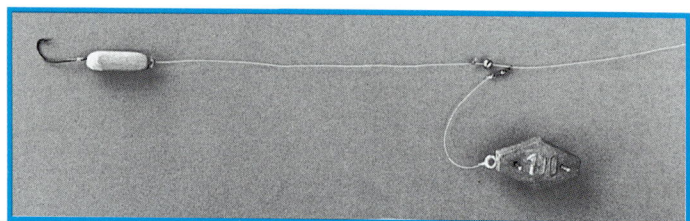

3

Grundblei-Montage für Schwebeköder ersichtlich, stäbchenartig mit abgerundeten Ecken geformt und muß so groß sein, daß er die am meisten gebrauchten Köder gerade noch nach oben drücken kann. Wasserfester Filzschreiber ist zum Einfärben am besten geeignet.

Dieses leicht selbst zu fertigende »Grundblei mit Greifarmen« soll den Köder auch in starken Strömungen, im Fluß oder beim Brandungsangeln, ortstreu an der einmal gewählten Angelstelle festhalten.

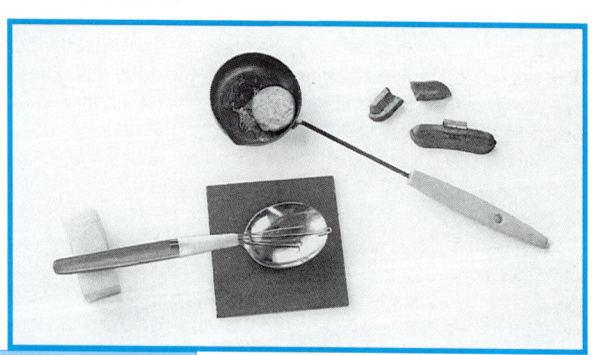

4

Grundblei mit Greifarmen für starke Strömungen Als Gußform für das die vier Drahtarme umschließende Grundblei benutzen wir einen alten Suppenlöffel, als Gußblei jegliche Bleiabfälle oder die Auswucht-Gewichte von alten Autoreifen. Diese bekommen wir von unserem Tankwart geschenkt.

Die vier langen Drahtarme lassen wir aus dem dicken Löffel-Breit-

18

teil (hier links) herausragen. Am dünneren Spitzteil des Löffels (hier rechts) wird am längeren Drahtarm eine kleine Öse angebogen und später mit eingegossen. Die Drahtarme (links) werden zum Gußvorgang am Löffelstiel mit Klebeband befestigt.

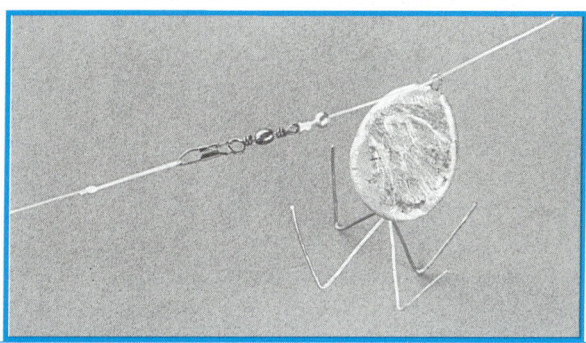

5

Nach Erkalten unseres selbst gegossenen Bleis werden die vier Drahtarme auseinandergebogen und etwa zur Hälfte spitz nach oben abgewinkelt.

Biegen sich die Arme nach einem »Hänger« auf, sind sie leicht wieder in die alte Form zu bringen. Sie bestehen ja schließlich nur aus 1–1,5 mm dickem Kupfer- oder Eisendraht.

Maulgerechte Kartoffelstückchen aus dickeren zäh-weichen Kartoffelscheiben, für alle Arten von klein-mäuligeren Friedfischen, lassen sich blitzschnell und vor allem sauber ferti-gen, wenn wir uns dazu eines kleinen speziellen »Kartoffel-Aus-stechers« bedienen.

Wir schneiden dazu ein kleines Stückchen Plastikrohr (z.B. Orchi-deenröhrchen, beim Blumenhändler preiswert zu haben) zurecht, mit einem Innendurchmesser von etwa 8–12 mm, etwa 3–4 cm lang. Dann passen wir ein rundes Holzstäbchen in das Röhrchen ein. Es sollte sich noch bequem hin- und herschieben lassen und 1 – 2 cm länger als das Röhrchen sein.

Nun wickeln wir mit gut klebendem Klebeband noch eine kleine, das Stäbchen verdickende Manschette am einen Ende des Stäb-

19

6

Kartoffel-Ausstecher

chens an. Dann kann es mit diesem Ende nicht in das Röhrchen hineinrutschen und läßt sich mit den Fingern auch besser fassen.

Zum Gebrauch drücken wir das mit einer kleinen Feile am unteren Röhrchenrand »spitz-kantig« gefeilte Plastikröhrchen mit seiner offenen, unteren Seite in eine zähweich gekochte, mindestens 2 Tage alte Kartoffelscheibe drehend ein und drücken dann den kleinen Kartoffel-Zylinder mit dem Stäbchen wieder heraus. Angeködert wird auf die übliche Weise. Aufbewahrt werden die Kartoffelstückchen in einer kleinen Blech- oder Plastikschachtel, deren Boden wir vorher mit einem angefeuchteten Stückchen Stoff ausgelegt haben.

Wenn besonders schwere Grundbleie als Laufbleie an der Angelschnur montiert werden, besteht die Gefahr, daß sie beim Auswerfen den sie haltenden üblichen Grundblei-Stopper »nach unten wegdrücken«, womöglich bis in Hakennähe, und so die Attraktivität des Köders vollkommen zunichte machen.

Verhindert werden kann dieses »Durchrutschen« des Stoppers jedoch, wenn wir auf die Hauptschnur ein etwa 7–10 mm langes und nur wenige Millimeter Innendurchmesser aufweisendes Silikon-Schläuchlein aufschieben, in das wir dann einen, mit seiner Dickseite zum Blei gerichteten, konisch geformten kleinen Dübel

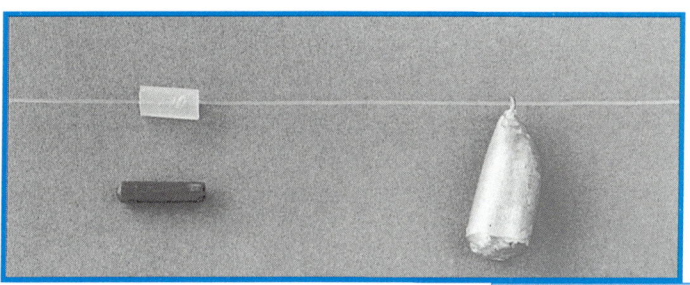

7

einschieben. Je stärker der Druck des Bleige-
wichtes auf die Dickseite des Dübelchens ein-
wirkt, um so stärker wird dieser auch in das

*Superfester Silikon-
Grundblei-Stopper*

Silikon-Schläuchlein hinein- und dieses dann an der Schnur fest-
gepreßt.

Anleitung für die
Köderbereitstellung

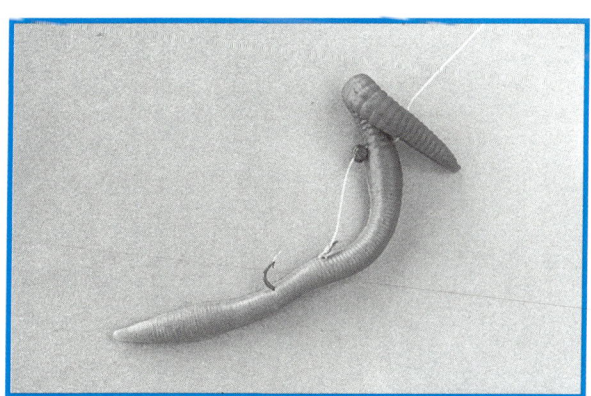

8

Würmer sollten, 2- oder 3mal quer
durchstochen, am Haken montiert werden. So
bleiben sie am längsten aktiv und attraktiv für

*Würmer abrutsch-
sicher montiert*

den Fisch. Wenn sie jedoch nach einer gewissen Zeit zu einem

»undefinierbaren Fleischklumpen« im Hakenbogen zusammenrutschen, dann wirken sie ganz bestimmt nicht mehr attraktiv und auch ein sicherer Anhieb würde dadurch gefährdet.

Das läßt sich jedoch schnell ändern, wenn wir nach der üblichen Wurmmontage 2–5 cm oberhalb des Hakens ein winziges Bleischrot ans Vorfach klemmen. Der Wurm kann dann nicht mehr nach unten – und zu einem Klumpen im Hakenbogen zusammenrutschen. Er kann sich frei hin- und herschlängeln und dadurch den Fisch auf sich aufmerksam machen.

Aale und ganz besonders Aalrutten halten sich mit Vorliebe in den engen, tiefen und dunklen Lücken zwischen felsigem Ufergestein auf. Sie dort auf übliche Weise mit Aussicht auf beständigen Erfolg zu befischen, ist jedoch gar nicht so leicht! Sehr wohl gelingt uns dies aber, und dies auch zur Tageszeit, wenn wir unsere Hauptschnur (Ø 0,50 mm) mit einem nur 10 cm langen, 0,40-er Vorfach bestücken.

Darüber kommt dann der Einhänge-Wirbel der Hauptschnur mit der diesem vorgesetzten Bleikugel von etwa 8–10 mm Durchmesser.

9

*Wurmmontage für
Geröllufer-Befischung*

22

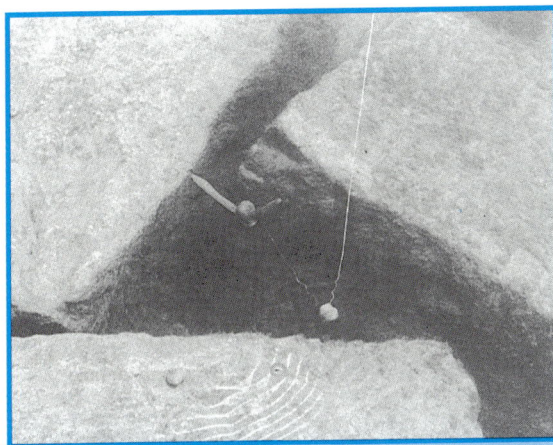

10

Mit diesem stark beschwerten Kurz-Vorfach kann man den Köder auch in kleinste Gesteinslücken hineinmanövrieren und ohne Gefahr darin absinken lassen.

Der Anbiß erfolgt entweder sofort oder – gar nicht! Wenn sich nach einigen Minuten nichts gerührt hat, bieten wir unseren Köder sofort im nächstgelegenen Versteck an.

Würde man große und schwerste Köderfische »direkt mit der Rute« auswerfen, würde die Rutenspitze derart überlastet, daß sie dabei wahrscheinlich gleich abbrechen würde.
Verhindern läßt sich das jedoch sehr leicht, wenn man die Gerte, mit ihrer Spitze schräg nach oben auf das Ziel gerichtet, in einen einfachen Gabel-Rutenhalter stellt. Die Schnur muß dabei leicht ablaufen können.
Dann nimmt man einen kräftigen, auf seiner einen Seite mit einer Gabel versehenen Stock (wie ein »Gabel-Rutenhalter«, aber etwas kräftiger) und hängt die Angelschnur, etwa 1–1,30 m vom Köder entfernt, über die Gabel. Nun faßt man den Stock in seinem unteren Teil und schwingt ihn, etwas seitlich stehend, auf das Ziel zu. Während des Ausschwingens wird die Schnur fest an den Stock gepreßt und erst dann losgelassen, wenn derselbe auf das Ziel

23

11 *Auswerfen von Maxi-Ködern mit dem Gabelstock*

gerichtet ist. Der schwere Köder reißt dann die Schnur von der Rute und Rolle und schießt in die Weite, auf das Ziel zu.

Im selben Moment läßt man auch schon den Gabelstock fallen, ergreift schnell die Gerte und kann nun den noch in der Luft befindlichen und auf das Ziel zuschießenden Köder, wenn es nötig werden sollte, präzisions-korrigieren. Anhieb und Drill eines Fisches werden »direkt mit der Rute« ausgeführt.

Anleitung für den Bau von Anfütterungs-behältern – Anfüttern mit »Duftspur«

An beiden Seiten mit einem Korken versehene Locken-wickler-Spiralen erweisen sich als die besten Futterkörbchen, die man sich vorstellen kann. Die seitlich eindringende Strömung kann in das Röhrchen hineingeknetete Anfütterungsteige bequem wieder herausspülen.

Die einzige Schwachstelle blieb bis jetzt nur, daß stärkere Strömungen das ganze Futterkörbchen über flacheren Boden vom

24

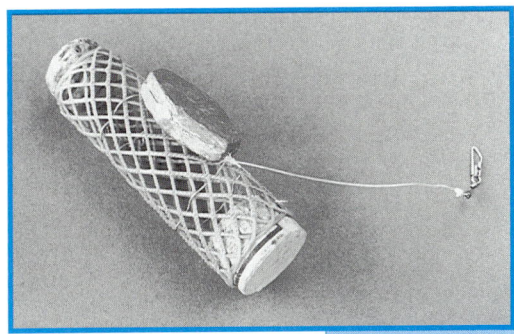

12

eigentlichen Zielort wegrollen könnten. Verhindert werden kann das jedoch, wenn wir mit
einem weicheren Blumendraht ein kleines
Sarg-Blei von ca. 30 g Gewicht längs auf der

*Lockenwickler-
Anfütterungsspirale
bleibt am Platz*

einen Röhrchenseite festbinden. Die Bleibeschwerung hält dann
das ganze Lockenwickler-Röhrchen am Gewässergrund fest.
Den Seitenzweig mit Durchlauföse befestigen wir nicht am Röll-
chen, das beim Auswerfen sonst ausreißen könnte, sondern an
einem Längsende des Sargbleis selbst.

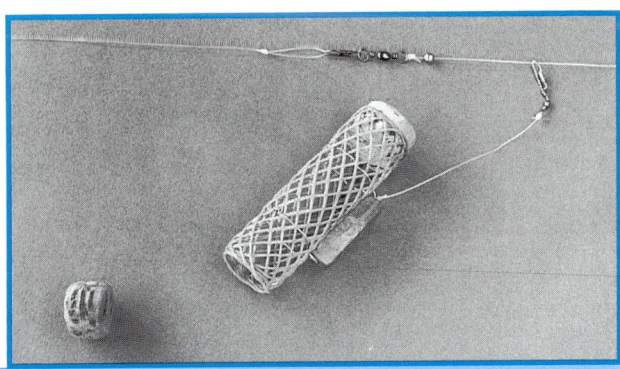

13

*Montiert wird das Futter-Körbchen durch Einklinken des am
10–12 cm langen Seitenzweig angebrachten winzigen Einhängewirbels oberhalb des Einhängewirbels der Hauptschnur*

25

14

Teig-Spirale schnell selbst gefertigt

Sehr wirksam für Anfütterungsteige ist auch die »Teig-Spirale«. Man kann sie sich aus wenigem Material schnell selbst basteln.

Zuerst windet man Kupfer- oder Eisendraht (Stärke 2 mm) 5 bis 6 Mal eng um einen Besenstiel herum. Hierbei entsteht die rechts auf dem Bild erkennbare Drahtspirale.

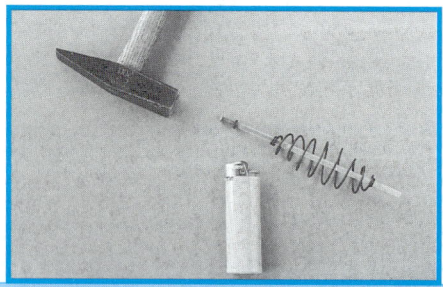

15

... Dann dreht man mit einer kleinen Spitzzange beide Spiralenden jeweils spitz zulaufend zu, mit einer kleinen Lochöse in der Mitte, durch die man ein festes Plastikröhrchen (aus leerer Sprühflasche ausbauen) hindurchschieben kann. Durch dieses läuft später die Angelschnur hindurch. Die beiden Röhrchenenden erwärmt man später über der Flamme eines Feuerzeugs oder Zündholzes. Sie werden dadurch weich und biegsam und lassen sich durch festes Aufdrücken auf einen festen Gegenstand breit aufbördeln. Ein eingeschobener Nagel verhindert ein Umbiegen des Rohrendes bzw. ein Zuquellen desselben.

26

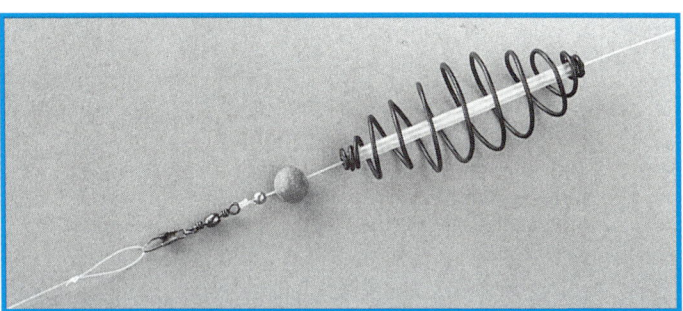

16

… Hier die fertige »Futter-Spirale« an der Angelschnur. Zuerst schiebt man die Spirale auf die Angelschnur, dann das Grundblei, eine Perle bzw. einen Ventilgummi-Stopper und befestigt schließlich davor noch den Einhängewirbel. In ihn wird später noch das Vorfach eingeklinkt

Ein äußerst wirksames »Futterkörbchen« für Maden- und Insekten-Bestückung läßt sich aus einem Orchideenröhrchen machen. Man bekommt es für wenige Groschen in fast jedem Blu-

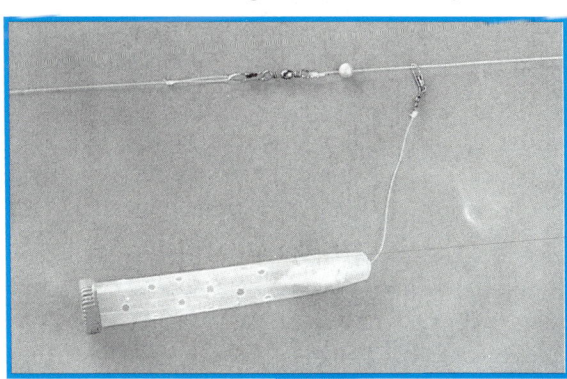

17

mengeschäft. Das Röhrchen wird erst einmal in seinem dickeren Teil mit einer ganzen Anzahl kleiner

Orchideenröhrchen-Grundblei für Maden-Bestückung

27

Löcher (Ø 1,5–2 mm) versehen, aus denen später die eingefüllten Maden oder Insekten ins Freie kriechen können. Dann wird in das geschlossene Röhrchenende noch ein kleines 2 mm-Loch für den Seitenzweig gebohrt. Er wird an seinem einen Ende an der länglichen Bleiolive befestigt, die in das geschlossene Ende des Röhrchens eingeklemmt oder eingeklebt wird. Am Ende des etwa 10–12 cm langen Seitenzweiges wird noch ein winziger Einhängewirbel angeknotet, mit dem dann das Futterkörbchen oberhalb (hier rechts) des an der Hauptschnur angeknoteten Einhängewirbels angeklinkt wird.

Zum Gebrauch wird das Orchideenröhrchen nur noch mit Maden oder kleineren anderen Insekten gefüllt und dann der kleine Gummideckel oder ein anderer Verschlußpfropfen wieder aufgedrückt.

Hiermit können die üblichen am Haken befestigten Köder mit Lockmittel-Düften, meist Lockmittel-Ölen, parfümiert werden.

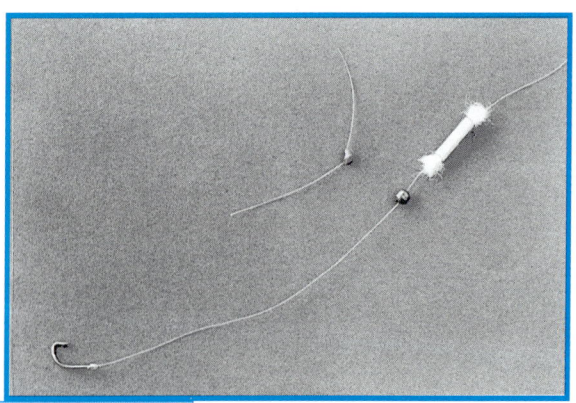

18

Lockmittel-Röhrchen

Dazu wird ein etwa 2 cm langes und mit 2 mm Innendurchmesser versehenes Plastikröhrchen oben auf das Vorfach aufgeschoben, mit Watte locker vollgestopft und auf seiner Unterseite durch ein winziges am Vorfach angebrachtes Bleischrot vor dem Abrutschen bewahrt.

28

Dann wird die im Röhrchen befindliche und köderähnlich einge-
färbte Watte nur noch mit dem Köder entsprechenden Lockölen
getränkt.

Zur allgemeinen Verständigung: »Grassoden« sind etwa
suppentellergroße flache Rasenstücke, die man sich von einem
Grasboden, z.B. einer Wiese, abschält. Sie sind sehr zäh und fest
und halten auch, im Wasser versenkt, lange zusammen.

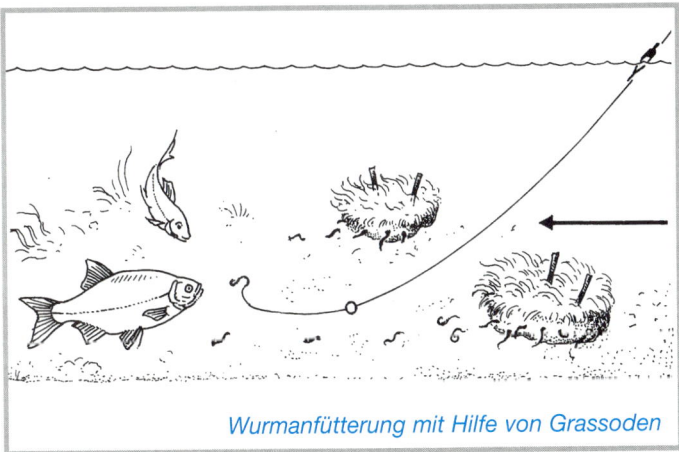

Wurmanfütterung mit Hilfe von Grassoden **19**

Diese Graskissen sind als Aufbewahrungsort für 1 bis 2 Hände voll
Tauwürmer oder auch Maden bestens geeignet. Man schüttet
dazu die Köder auf die Graskissen, in deren dunkle Verstecke sie
sofort hineinkriechen. Dann legt man die ködergefüllten Grassoden im flacheren Randwasser stehender oder ganz langsam
fließender Gewässer auf dem Boden aus. In durchströmten
Gewässern werden die Grasstücke mit festen Stöckchen am
Boden »festgenagelt«. Am wirksamsten werden sie dort plaziert,
wo eine nahe, leichtere Strömung die herauskriechenden Tierchen
stromabwärts mitführen und den dort verteilten Fischen entge-
gentreiben kann. Die Fische schwimmen dann dem entgegentrei-
benden Nahrungsstrom nach und gelangen so zu unserem ausgelegten eigentlichen Angelköder.

29

Man braucht übrigens nicht zu befürchten, daß die Köder ihre »Heimat« alle auf einmal verlassen! Es werden immer nur einige Köder von Zeit zu Zeit die Grassoden verlassen, um sich stromabwärts treiben zu lassen.

Anleitung für fangbegünstigende Gerätemontagen

Oben am Grundblei, entweder direkt oder auch über einen kürzeren Seitenzweig angebrachte Durchlaufösen erfüllen ihre Aufgabe, die Angelschnur nach dem Anbiß eines Fisches möglichst reibungslos passieren zu lassen, nur dann, wenn die Schnur sie auch ohne größeren Reibungswiderstand durchlaufen kann.

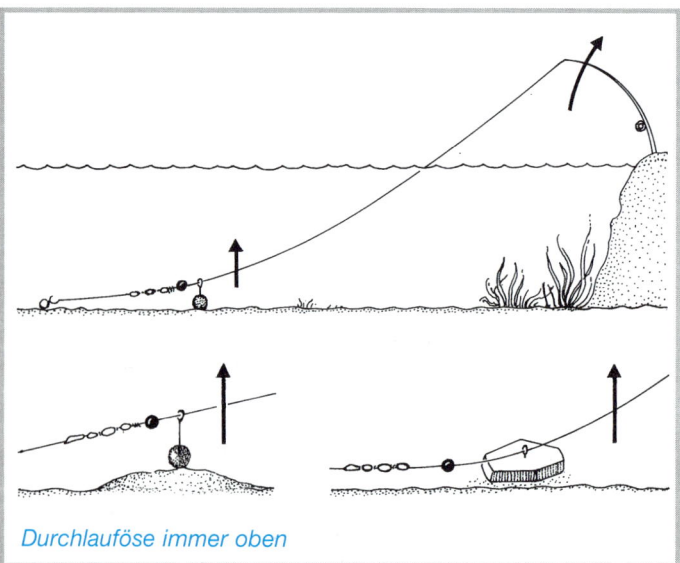

20 | *Durchlauföse immer oben*

Dazu müssen die Durchlaufösen aber auch immer »nach oben« gerichtet sein. Erreicht wird das mühelos dadurch, daß wir, wenn wir das Blei auf den Gewässergrund aufplumpsen spüren, dies

30

sofort durch Hochziehen der Gerte umdrehen, d.h. so plazieren, daß die Durchlauföse auch wirklich nach oben gerichtet ist!

Wollen wir beim Grundangeln auch stets und jederzeit den kleinsten und vorsichtigsten Anbiß erkennen, dann müssen wir unseren Bißanzeiger immer im Auge behalten. Das kann für die Augen recht anstrengend sein!

Nicht so dagegen, wenn wir uns einer speziellen »Flucht-Montage« bedienen, die den Anhieb ganz von selber setzt.

Und das erreichen wir auf folgende Weise. Auf dem unteren Teil der Zeichnung erkennen wir die ganze hierfür notwendige Montagefolge. Links ist der mit »Haar-Montage« befestigte Boily-Köder zu erkennen. Dann folgt der Haken am Vorfach, der an der Hauptschnur angeknotete Einhängewirbel mit vorgesetzter Perle oder

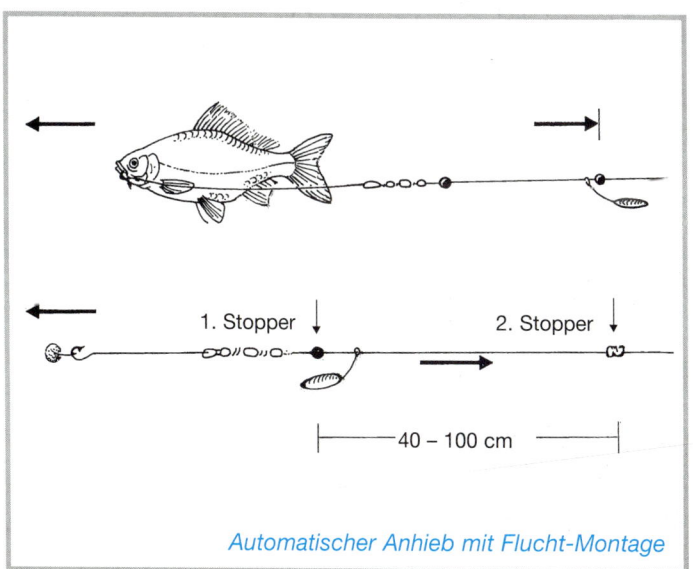

Automatischer Anhieb mit Flucht-Montage **21**

Ventilgummi-Stopper. Diese Stelle wird als der »erste Stopper« bezeichnet. Schließlich folgen noch das Grundblei am kurzen Ösen-Seitenzweig und in etwa 40–100 cm Entfernung ein weiterer, diesmal aber ganz fest angeklemmter zweiter Stopper. Damit das Ösen-Blei nach dem Auswerfen des Köders auch ganz nah beim ersten Stopper liegt, ziehen wir die Angelschnur, wenn wir das Aufplumpsen des Bleis am Boden verspüren, vorsichtig auf uns zu, bis es einen kleinen Ruck gibt, der uns verkündet, daß das Grundblei am ersten Stopper angestoßen ist. Dann wird die Rute wie üblich abgelegt.

Beißt nun ein Fisch an und schwimmt zügig mit unserem Köder weg, gleitet die Schnur widerstandslos durch das Ösen-Blei. Aber auch nur bis zum zweiten Stopper, der dann abrupt das Wegschwimmen des Fisches abstoppt. Und damit wird automatisch bei unserem Anbiß ein rechtzeitiger und blitzschneller Anhieb gesetzt!

... Wir können also ungehindert weiterschlafen, bis der gehakte Fisch uns die Rute aus der Hand zu reißen droht. Dann allerdings sollten wir aufwachen, um den Fisch noch sicher über den Kescher zu drillen! Das allerdings müssen wir alles selber machen!

Not-Bißanzeiger

Haben wir einmal unsere Bißanzeiger zu Hause vergessen, läßt sich schnell und unkompliziert aus einer fülligeren Pose

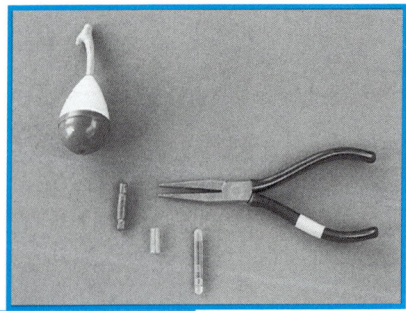

Hänge-Not-Biß-anzeiger

ein Not-Bißanzeiger fertigen, der sogar zum Leucht- oder Sturm-Bißanzeiger umfunktioniert werden kann.

Wie? Wir brauchen dazu nur für das spitz zulaufende Posenteil aus einem kleinen Aststückchen mit Seitenzweig einen Haken-ösen-Zweig zurechtzuschneiden und in das Spitzteil der Pose zu stecken.

Unten, in das dickere Teil der Pose, passen wir ein kleines gerades Aststückchen ein, an dem wir mittels eines kleinen Silikon-Schläuchleins ein Knicklicht oder (bei stärkerem Wind) mittels eines Büroklammerstückchens und zwei oder drei angezwickten größeren Bleischroten ein Wind-Gewicht anbringen können.

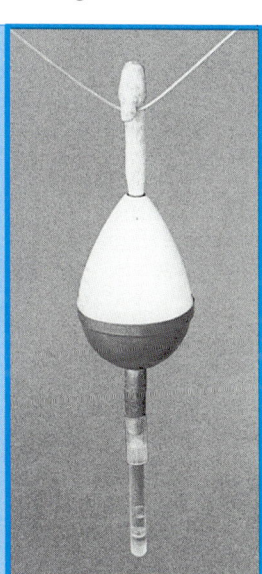

Und so sieht der Not-Bißanzeiger aus, wenn er in einem zwischen zwei Schnurlaufringen tief herabgezogenen Schnurbogen einge-hängt wurde.
Mit dem gleichartig befestigten Knick-licht läßt sich dieser Not-Bißanzeiger auch blitzschnell in einen für die Nachtangelei geeig-neten Leucht-Bißan-zeiger umwandeln.

23

Der Sturm-Bißanzeiger erweist sich deshalb als sehr praktisch, weil er mühelos der jeweiligen Windstärke gewichts-mäßig angepaßt werden kann. Schnappdeckel weg, ein paar Bleischrote herausnehmen oder dazugeben und Deckel wieder drauf. Und schon ist der Bißanzeiger Tagen mit weniger oder mehr Wind angepaßt.

Gefertigt wird unser Bißanzeiger aus einem Orchideenröhrchen, in

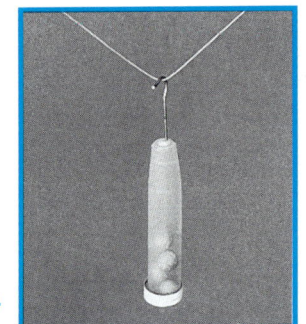

24

Sturm-Bißanzeiger

dessen geschlossenes, oberes Rundende wir ein 2 mm-Loch bohren. An das eine Ende einer geradegebogenen Büroklammer biegen wir eine kleine waagerecht liegende Schnecke an. Dann schieben wir den Draht von innen her durch das vorgebohrte Rundende des Orchideenröhrchens und biegen an den Draht noch einen kleinen Haken.

Die Regulierung der Bleischrotmenge erfolgt über die mit dem Schnappdeckel verschließbare Öffnung des Orchideenröhrchens.

Auch er ist sehr praktisch und als Not-Bißanzeiger schnell verfügbar. Wir verwenden als Schnurfestklemm-Material normalen Sand. Wenn er zu trocken ist und gleich zerläuft, feuchten wir ihn vorher ein wenig an oder verwenden bei größerer Windstärke gleich die etwas feuchtigkeitshaltigere Erde.

25

Sand- bzw. Erdhaufen-Bißanzeiger

Wir formen hieraus einen kleineren Haufen mit einem Bodendurchmesser von etwa 10–20 cm. Dann legen wir den bis zum Haufen heruntergezogenen Schnurbogen über die oberste Wölbung des Haufens und drücken den Sand oder die Erde darüber noch etwas fest. Hält das noch nicht so recht, tröpfeln wir noch ein wenig Feuchtigkeit dazu.

26

Damit das den Anbiß anzeigende Herauszupfen der Schnur auch ohne Schwierigkeiten erfolgen kann, wird der kleine Sand- bzw. Erdhaufen genau unter die waagerecht abgelegte Gerte, und zwar unter die Schnurtrommel der geöffneten Rolle, plaziert

Beißt ein Fisch an, schlüpft die Schnur aus dem Sand- oder Erd-haufen heraus, springt etwas nach oben und kann dann vom anbeißenden Fisch frei und widerstandslos abgezogen werden.

Der Klapper-Bißanzeiger weckt alle auf!
Wichtigster Bestandteil des Klapper-Bißanzeigers ist entweder eine für die Katzen- oder Hundefütterung gedachte Blechschale oder eine alte Radkappe, die wir eventuell in Reparaturwerkstätten geschenkt bekommen.
Zur waagerechten Halterung der Schale oder Radkappe biegen wir uns aus dickerem Eisendraht (Ø 4 mm) die aus dem Bild ersichtliche Ring-Halterung mit senkrecht wegstehender Draht-stange. Letztere sollte etwa 40 cm lang sein. Dann benötigen wir noch einen alten Sicherheitsschlüssel.

27

28

Klapper-Bißanzeiger

Schale oder Radkappe werden nun auf dem Drahtgestell so unter der herunterhängenden Rolle aufgestellt, daß der von der Angelschnur einmal umwickelte und oben auf die Schnurtrommel gelegte Sicherheitsschlüssel, wenn die Schnur vom anbeißenden Fisch nach vorne abgezogen wird, laut klappernd in die darunter aufgestellte Blechschale oder Radkappe fällt.

Hier noch einmal in Großaufnahme der von der Schnur einmal umwickelte und oben auf die Schnurtrommel abgelegte Sicherheitsschlüssel.

29

36

Der Geräusch-Bißanzeiger wird aus einer üblichen Holzbrettchen-Mausefalle zusammengebaut, die zum feineren Reagieren auf einer Drahtstange aufgesteckt wird.

Hier die Mausefalle von vorn bzw. von oben her gesehen. An der einen vorderen Bügelecke knoten wir an einer etwa 10 cm langen Angelschnur ein Aalglöckchen fest. Es unterstützt die »Zuschlag-Geräusche« der Falle noch durch wildes Geläute.

Oben in die bewegliche Fallen-Zunge schrauben wir ein Holzschräubchen ein, dessen Kopf wir dann sauber abkneifen und zuteilen. Auf diesen fest aus dem vorderen Zungenrand herausragenden Metalldorn schieben wir ein passendes, festes (etwa 7 cm langes) Plastikröhrchen (aus leerer Sprühdose nehmen), in dessen oberes Ende wir mit einem scharfen Taschenmesser einen kleinen Schlitz eingeschnitten haben.

30

Geräusch-Bißanzeiger (schnell selbst gefertigt)

Von hinten sehen wir die Befestigung der Drahtstange, die durch zwei winzige, geschlossene Ring-Holzschräubchen geschoben wird.

31

37

Die Schlitzrichtung des Röhrchen-Oberteils, in den der Schnurbogen eingeklemmt wird, ist quer zur Hauptfläche der Mausefalle gerichtet.

32

Die ganze Mausefallen-Vorrichtung wird schließlich an der Stange direkt unter der Schnurtrommel in den Boden gesteckt. Dann wird die von der Schnurtrommel straff herunter gezogene Schnur in das geschlitzte Röhrchen, für den Fisch leicht nach vorn herausziehbar, eingezogen. Beißt ein Fisch an, zieht er die Schnur aus

Hier eine Gesamtübersicht über die waagerecht abgelegte Rute, die an der richtigen Stelle plazierte Mausefalle und die Schnurbogen-Einklemmung unter der Angelrolle.

33

der Einklemmstelle am Röhrchenende und bewegt dabei die Fallenzunge in Wirklichkeit nach unten. Die Falle schnappt laut klappernd zu und das Glöckchen fängt ein wildes Gebimmel an.

Der Rutsch-Bißanzeiger ist am mühelosesten zu fertigen und besonders wirksam bei der Nachtangelei. Zu seiner Herstellung benötigen wir nur eine leere größere, möglichst flache Schnurspule, die wir auf ihrer Ober- bzw. Vorderseite entweder mit weißem Papier

34

Rutsch-Bißanzeiger

bekleben oder mit weißer Deckfarbe anstreichen. Für ihren Gebrauch bei Nacht wird die weiße Fläche noch 4 mal mit Leuchtfarbe überpinselt. Dann übermalt man alles noch einmal mit farblosem Rutenlack. Dieser Bißanzeiger läßt sich überall bequem unterbringen und mitführen.

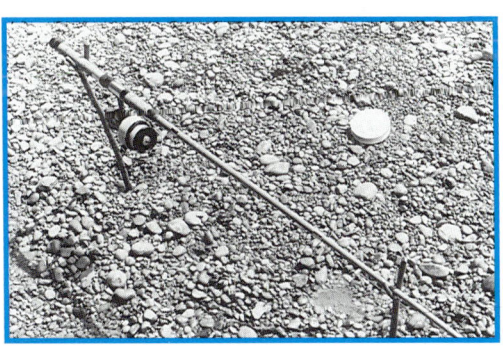

35

Um diesen Bißanzeiger zu aktivieren, plazieren wir unsere Rute waagerecht auf zwei ganz niedrigen Gabel-Rutenhaltern und ziehen dann zwischen dem hintersten, großen Schnurlaufring und der Angelrolle, genau in Rollenhöhe, damit die Schnur nicht von der Rolle abspringen kann, einen weiten Schnurbogen flach heraus. Dann schieben wir die Schnurschlaufe hinter die Schnurspule, die anschließend auf den flachen und von allen Hindernissen befreiten Boden gelegt wird. Das ist alles. Bei stärkerer Strömung können wir auf das Zentralloch der Spule noch eine mittelgroße Bleikugel oder einen kleineren Stein legen.

Beim Anbiß wird die weiße oder nachts sogar leuchtende Schnurspule plötzlich über den Boden »wandern«, bzw. sogar über diesen »dahinschnellen«. Eine Bewegung, die wir sofort wahrnehmen werden. Dabei wird die Schnur aus der Bißanzeiger-Spule herausgerissen und kann dann ohne Widerstand vom Fisch abgezogen werden.

36 *Leucht-Schleif-Bißanzeiger*

Auch dieser Bißanzeiger ist hauptsächlich zum Gebrauch bei Dunkelheit vorgesehen. Hauptteil dieses Bißanzeigers ist ein Orchideenröhrchen, das auf seiner offenen Seite mit einem kleinen Gummi-Schnappdeckel verschlossen ist. Das rundliche, verschlossene Ende wird abgesägt und als Abschluß ein entsprechend zugeschnittener Korken eingepaßt. Dann wird er

40

von innen her mit einer langen und biegsamen Stecknadel (ca. 3 cm lang) mit breiterem Kopf der Länge nach durchstochen. Die Nadelspitze biegen wir in die aus der Zeichnung ersichtliche flache Hakenform. Nun wird nur noch das Knicklicht in das Orchideenröhrchen eingeschoben, dieses verschlossen und, wie schon beim vorhergehenden Rutsch-Bißanzeiger, in den seitlich herausgezogenen Schnurbogen, möglichst in Rollenhöhe (außer, daß der Gertengriff mit einer Schnureinklemm-Vorrichtung ausgestattet ist) eingehängt. Beißt ein Fisch an, beginnt der Bißanzeiger zu wandern oder dahinzuschnellen. Nun ist es Zeit, die Rute zu ergreifen, zu fühlen, ob der Fisch noch am Köder herumlutscht und dann den Anhieb zu setzen.

Stippangeln und Posenfischen

Praktisches Zusatzgerät

Wenigstens beim Stippangeln können wir das Ringschutz-Problem vergessen. Unsere Stipprute hat nämlich keine Schnurlaufringe, die in irgendeiner Weise geschützt zu werden brauchen. Ganz anders dagegen unsere Posenrute, die, noch dazu wenn es sich dabei um eine Teleskoprute handelt, bei zunehmender Länge mit entsprechend vielen Schnurlaufringen versehen ist, die bei zusammengelegter Gerte auch alle wirksam zu schützen sind. Nur allzuleicht krachen sonst die vielen Ringe, besonders beim Rutenzusammenschieben oder Rutentransport recht unsanft aufeinander, zerspringen dabei an ihren Ringverbindungsstellen, blasigen Ring-Verchromungen usw. und müssen dann erst wieder mühsam repariert werden.

Wer den oft mitgelieferten Ringschutz nur ungern benutzt und meist schon nach wenigen Wochen ganz wegläßt, geht natürlich die Gefahr ein, daß seine Rutenberingung schon recht bald beschädigt werden kann und ersetzt werden muß! Schuld an diesen ganzen Problemen haben dabei allein unsere Rutenhersteller, die es nicht fertig bringen, »Ringschutz-Vorrichtungen« zu unseren Teleskopruten mitzuliefern, die nicht allzu klobig oder groß sind, so daß der Ringsatz einer bestimmten Rute auch einen festen Sitz in der Ringschutz-Vorrichtung hat. Letztere muß aber auch so klein bleiben, daß sie, wenn sie beim Fischen nicht gebraucht wird, bequem in der Umhängetasche untergebracht werden kann.

Ja, und das Schlimmste an den bisher üblichen Ringschutz-Vorrichtungen ist ihr ... Verschluß! Er stammt meist noch aus der Steinzeit. Umständlich wie einen Schnürschuh muß man außen plastik-glatte Ringschutz-Vorrichtungen zubinden und zuknoten! Die Schnurverbindungen verrutschen natürlich dauernd und die Ringschutz-Vorrichtung ist auf dem zusammengeschobenen Ringsatz nicht ausreichend genug zu befestigen.

Da uns die Angelruten-Hersteller diesbezüglich nicht unter die Arme greifen, müssen wir uns eben mal wieder selber helfen. Das sicher erspart uns viel weiteren Ärger und vor allem ... wir erleben das positive Ergebnis noch!

»Vorfach-Halter« gibt es in den unterschiedlichsten Ausführungen. Nur wirklich ideale Vorfach-Halter gibt es herzlich wenige. Die meisten können nicht genug Vorfächer aufnehmen, sind zu klobig, scharfkantig oder lassen sich die auf ihnen untergebrachten Vorfächer nur allzu leicht gegenseitig miteinander verhängen. Mit dem hier empfohlenen Vorfach-Halter wird man aber hoch zufrieden sein und ihn möglichst bald selbst basteln. Sein Material ist billig, leicht zu bearbeiten, weich und verletzt unsere Vorfächer nicht.

»Feingliedrige Antennenposen« bruchsicher auf kleinstem Raum unterzubringen, ist gar nicht so einfach. Der Behälter sollte schließlich nicht zu groß und klobig geraten, in unserer Umhängetasche leicht und bequem unterzubringen und unsere Posen auch wirklich zu schützen imstande sein.

Kein Problem haben wir diesbezüglich mit dem neuesten hier vorgestellten Posenbehälter, der sich in der Praxis schon bestens bewährt hat. Er gestattet es, mehrere Kleinst-Antennenposen auf kleinstem Raum unterzubringen.

Das Durchziehen der Angelschnur durch oftmals sehr kleine Rutenringe und dies besonders bei größerer Kälte, wenn unsere Finger steif und ungelenk sind, hat schon so manchen Angler zu einem Wutausbruch gebracht.

Ein praktischer »Schnur-Durchzieher für Teleskopruten« läßt dieses Problem jedoch erst gar nicht aufkommen und löst es auf recht elegante Art. Blitzschnell haben wir unsere Schnur durch die Ringe gezogen, in einem Arbeitsgang, überanstrengen dabei unsere kältestarren Finger nicht.

Es gibt praktisches Klein- bzw. Zusatzgerät, mit dem sich verhindern läßt, daß Gleitposen nach dem Abreißen eines Hängers verloren gehen können oder unterzubringende Steckruten in mehreren Teilen und auf schonende Weise schnell zu Rutenbündeln miteinander verbunden werden können.

Anbißbegünstigendes Gerät

Will der Angler die Grundregion eines womöglich ihm noch völlig unbekannten Gewässers befischen, sollte er vor Angelbeginn stets die genaue Tiefe an der jeweiligen Angelstelle ausloten.

Wie das im einzelnen vor sich geht, und wie man sich einen »Spezial-Tiefenloter« schnell und auf billige Weise anfertigt und auch richtig anwendet, ist dem folgenden Bildteil dieses Buches zu entnehmen. Übrigens ist dabei zwischen Tiefenlotern für flachere Gebiete und solchen für Extremtiefen zu unterscheiden.

Posenantennen zerbrechen nur allzu leicht, werden sie falsch untergebracht, angefaßt oder ein- bzw. herausgeschoben. Wie man jedoch zerbrochene Posenantennen schnell und wirksam wieder ersetzt, soll nicht länger ein Geheimnis bleiben.

Für manche Befischungsvariante eignet sich eine Pose mit Innen-Beschwerung besser als eine solche mit der üblichen Außen-Beschwerung, durch Anheften von kleineren Bleischroten außen am Vorfach.

Da einem die gekauften oder selbst gebastelten Posen auch mal kaputt gehen können, ist man dankbar für jeden Tip, der einem zeigt, wie man die vorher benutzten offiziellen Posen durch leicht zu beschaffende oder herzustellende Ersatz-Posen ersetzen kann.

Da die offiziellen Posen oft durch Spezial-Posen ersetzt werden müssen, werden diese oftmals einem speziellen Zweck dienlicher sein können, als erstere. Wenn man seinem Köder z.B. ganz weit draußen bei ablandigem Wind anbieten will, hilft diese Extremweiten zu erreichen eigentlich nur die »Segelpose«.

Hat man gerade eine sehr fangträchtige Stelle gefunden, möchte man dieselbe Stelle natürlich möglichst schnell wiederfinden, hat man den eben gefangenen Fisch erst einmal hereingedrillt und versorgt. Auch das ist möglich.

Köder – Vorbereiten, Fangen, Anwenden, Aufbewahren

Würfel aus Hartkäse sind ein ganz hervorragender Friedfischköder! Vorbedingung für den Erfolg ist jedoch, daß die Käsewürfel frisch und vor allem weich sind. Ersteres sollten sie sein, damit sie die Fische erst einmal an den Haken locken können, und letzteres, damit der Haken beim Anhieb auch durch den Käsewürfel blitzschnell »durchschlitzt«, um den Fisch noch haken zu können.

Wird der Käsewürfel beim Anhieb jedoch nur, wie es sehr oft der Fall ist, im Maul des Fisches bewegt, ohne daß der Haken rechtzeitig genug durchschlitzen kann, dann haben wir unseren Köder vor dem eigentlichen Angelvorgang nicht eingehend genug vorbereitet und sind selbst schuld an unserer Pleite!

Sonderköder, wie z.B. »Blut-Würfel« aus gestocktem Blut oder solche aus blutgetränkter Leber bzw. weichem Frischfleisch wirken äußerst attraktiv auf die meisten Fische, nicht aber auf Angler. Nur allzu leicht ekeln sich die meisten Angler davor, blut-tröpfelnde sowie hin- und herschlabbernde Fleischköder anzufassen und zu montieren.

Aber auch das ist kein Problem, wenn wir uns bei dieser Art von Angelei eines ganz bestimmten, keinen Ekel erregenden Spezialköders bedienen.

Köderfisch-Reusen zum Fang von Kleinst-Köderfischchen, die wir heutzutage allerdings nur noch »tot« verwenden dürfen, sind überaus praktisch und billig sowie blitzschnell herzustellen.

Mit ihnen fangen wir unsere Köderfischchen bereits in der Zeit, in der wir unser Angelgerät am Wasser zusammenbauen. Damit wir später beim Transport von eventuell noch lebenden Köderfischchen keine Probleme haben und auch nicht mit dem Gesetz in Schwierigkeiten kommen, töten wir die Köderfischchen sofort nach ihrem Fang und wickeln sie dann einzeln in ein gut angefeuchtetes Stoff-Fetzlein ein, bis wir sie diesem zum Gebrauch entnehmen.

Daß natürlicher Köderduft unsere Chancen bei den Fischen erheblich steigern kann, braucht wohl nicht weiter erwähnt zu werden. Dabei kann es sich auch durchaus um artfremden Köderduft handeln, also wenn wir z.B. eine Nacktschnecke mit Heringsöl parfümieren. Oder wenn wir einen dufteigenen Köder, z.B. Fisch-Fetzen, mit Heringsöl parfümieren, wirkt das natürlich erheblich anbißfördernder als im ersten Beispielsfall! Übrigens kann man auch durchaus mit Erfolg künstliche Köder, z.B. einen Wobbler, mit Heringsöl taufen!

Einer der besten Friedfischköder, mit denen man jedoch auch große Salmoniden, ja sogar nicht zu kleine Huchen, fangen kann, sind Speckwürfel! Um sie immer griffbereit, sauber, unverformt und frisch bei sich zu haben, transportieren oder unkompliziert mitführen zu können, gibt es nur eine einzige Lösung, nämlich sie »direkt auf der Schwarte« mitzuführen. Wie? - Nun, das soll weiter unten im Bildteil eingehend erläutert werden.

Damit uns der überaus fängige Köder Heuschreck nicht blitzschnell wieder davonspringt, wenn wir ihn zum Anködern aus der Dose nehmen wollen, bauen wir uns mit wenigen Griffen eine spezielle Heuschrecken-Dose, die überaus klein und damit auch in unserer Hemdentasche unterzubringen ist.

Fangbegünstigendes Gerät – Fangmethoden

Es ist einfach nicht vorstellbar, wie oft in der Angelgeräte-Industrie beim richtigen Plazieren der Schnurlaufringe über die gesamte Gertenlänge geschlampt und geschludert wird! Wird der Abstand zwischen den zu plazierenden Schnurlaufringen nicht genau eingehalten, kann es beim Anbiß eines größeren Fisches blitzschnell zu einem Spitzen- oder sogar Rutenbruch kommen!

Auch die ideale »Aktionskurve« leidet ungeheuer unter der schlechten Verteilung der Rutenringe auf dem Rutenkörper. Leichtere Köder können dann nicht mehr befriedigend weit ausgeworfen werden. Durch eine richtige Nach-Plazierung der Ringe läßt sich aber dieses Gerten-Manko schnell und wirksam beheben. Aber man darf diese Reparatur eben nicht vergessen!

Überaus wichtig für das Anzeigen eines Anbisses oder die Benutzung von offiziellen Bißanzeigern kann es sein, die Schnur nach dem Ablegen der Gerte in einem Rutenhalter so an der Rolle oder auch dem Rutenhandteil anzuklemmen, daß die Schnur zwar nicht von der Einklemmstelle herunterfallen und sich dann im Grundbewuchs verhängen kann, daß sie aber jederzeit vom anbeißenden

Fisch überaus leicht, hemmungsfrei und kein Mißtrauen erregend aus der Anklemmstelle herausgezogen werden kann.

Der schwächste Teil von Angelschnur und Vorfach sind ihre Verknotungsstellen, Auf je mehr von ihnen wir verzichten, um so sicherer wird unser Angelgerät. Verzichten wir auch noch auf das Vorfach, ersparen wir uns in Zukunft so manchen Ärger.

Anleitung zum Bau des praktischen Zusatzgerätes

Das bisher meist übliche, nur Ärger erregende »Schnürsenkel-Zubinde-/Hin- und Herrutsch-Verfahren« bei der Befestigung der üblichen Ringschutz-Vorrichtungen über dem Ringsatz unserer zusammengeschobenen Teleskopruten läßt sich unsere Nerven schonend vermeiden, wenn wir unseren Ringschutz mit einem praktischen Schnellverschluß versehen.

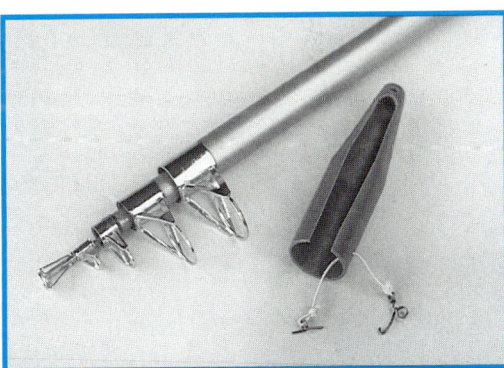

37

Wie aus der Abb. 37 ersichtlich, bohren wir, wenn nicht schon vom entfernten »Schnürsenkel« zurückgeblieben, vorn in den beiden Ecken des Schlitzanfangs des Ringschutzes je ein kleines Loch (Ø 3 mm).

Schnell-Verschluß für Ringschutz-Vorrichtung

Durch eines der beiden Löcher schieben wir dann einen 2 mm dicken runden und umwebten Wäschegummi, an dessen linkem

47

Ende eine kleine Ösenstange (Büroklammer) und an dessen rechtem Ende ein aus der Abbildung ersichtlicher Ösenhaken mit angebogenem Haltegriff für die Finger zu sehen ist. Der Gummi sollte nach den Verknotungen etwa 10 cm lang sein.

Wir ziehen nun den Gummi nach rechts, bis zum Anschlag der kleinen Ösenstange im Inneren des Plastikrohres und überkleben sie dort mit Tesa-Gewebeklebeband. Die Ösenstange bleibt so stets am richtigen Platz und kann die Rute nicht verkratzen.

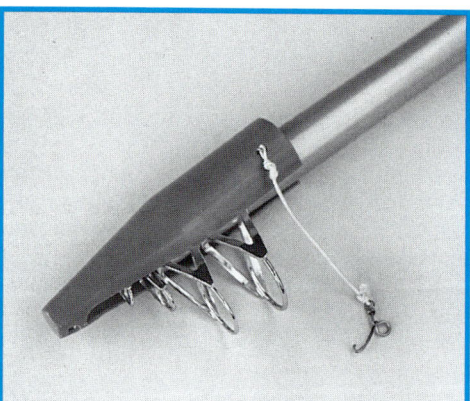

So sieht der fertige Schnellverschluß unserer Ringschutzvorrichtung aus, wenn er noch nicht in Gebrauch ist, und so, ...

38

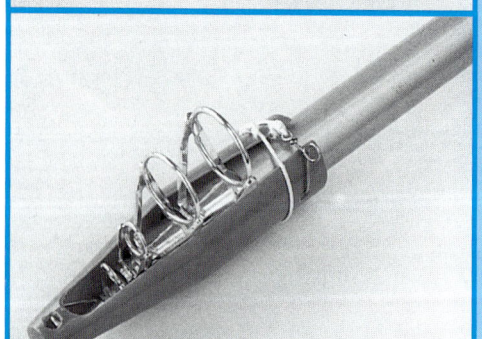

... wenn er nach Überschieben des Ringschutzrohres mehrmals über das Schlitzende desselben herumgezogen und dann der Ösenhaken in dem anderen Loch eingeklinkt wurde.

39

Das alles geht blitzschnell vor sich, und der Ringschutz hat einen festen Sitz über dem zusammengeschobenen Ringsatz.

48

Zu seiner Herstellung benötigen wir nur ein flaches Stück feinporiges (ist widerstandfähiger) Styropor, etwa mit den Maßen 12 x 7 x 2 cm und ein blitz-scharfes, dünnklingiges Messer.

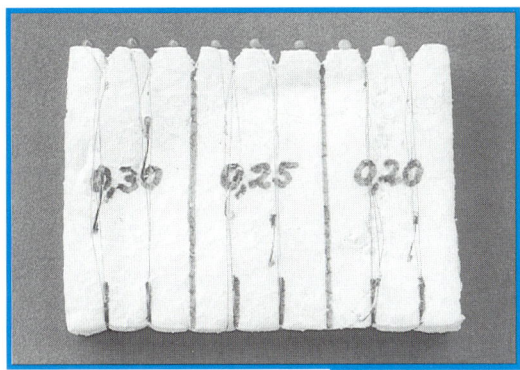

40

Styroporplatten liegen entweder schon fertig geglättet in den großen Styroporverpackungen für Elektro- und Haushaltgeräte oder wir

Idealer kleiner Vorfachhalter

schneiden sie uns aus den Großverpackungen zurecht und glätten sie anschließend selbst. Dann versehen wir die Styroporplatte an ihrer einen (hier oberen) Längskante mit keilförmigen Einschnitten und an ihrer anderen noch mit einem winzigen Schlitz.

Damit die Vorfächer auch später mit ihren Schlaufen sauber in die Schlitzstellen eingehängt werden können, kleben wir in die Erhöhungen jeweils eine Stecknadel mit farbigem Glaskopf ein, jeweils in einer Farbe für einen bestimmten Schnurdurchmesser, z.B. gelb für 0,20 mm, rot für 0,25 mm und blau für 0,30 mm. So ist alles übersichtlich geordnet.

Auf der Vorderseite des Vorfachhalters können wir mit wasserfesten, dunklem Filzschreiber Trennungsstriche zwischen den unterschiedlichen Schnurdurchmessern und diese selbst noch einmal aufzeichnen.

Wie schnell kleinere, feingliedrige »Antennen-Posen« beschädigt werden können, wenn sie nicht schonend untergebracht sind, hat wohl jeder von uns schon durchleiden müssen!

49

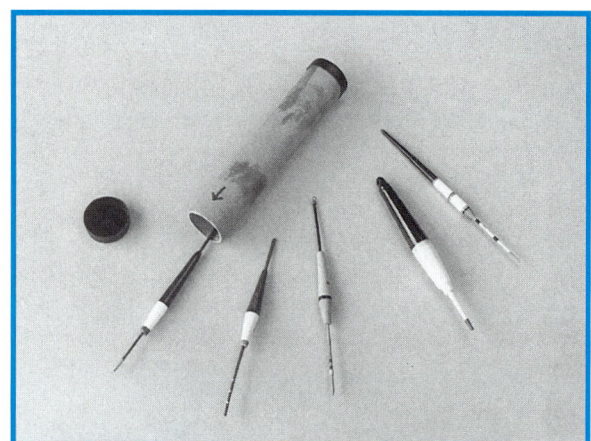

41

Feine Antennen-posen bruchsicher untergebracht

Wirksam vermieden werden jedoch können diese Gefahren, wenn wir zu Unterbringung und zum Transport der kleinen Antennen-Posen dickwandige und steife Papprollen ver-wenden, auf denen im Haushalt feuchtigkeitsaufsaugendes Küchenpapier, Zellophan- oder Alu-Folie aufgewickelt sind. Sie weisen meist einen Durchmesser von 2,5–4 cm auf und sind etwa 30 cm lang. Wir können sie daher in ihrer Länge bequem der läng-sten Posenlänge angleichen. Sind die Röhren, was sehr oft der Fall ist, schon mit kleinen Abschlußdeckeln versehen, brauchen wir nicht eigens erst welche anzufertigen. Ansonsten ist es am mühelosesten, wenn wir Abschlußkorken in das Rohr einpassen. Der eine kann fest eingeklebt werden. Ein kleiner seitlich aufge-malter Pfeil deutet auf den losen Korken, durch den dann die Posen hineingesteckt oder herausgenommen werden können. Für besonders kleine Posen können auch größere Tablettenröhr-chen oder andere verschließbare Röhrchen benutzt werden.

Das oft widrige »Schnurdurchziehen« durch die Ringe unserer Teleskoprute, und das womöglich auch noch bei kaltem Wetter, können wir uns ersparen, wenn wir uns einen kleinen

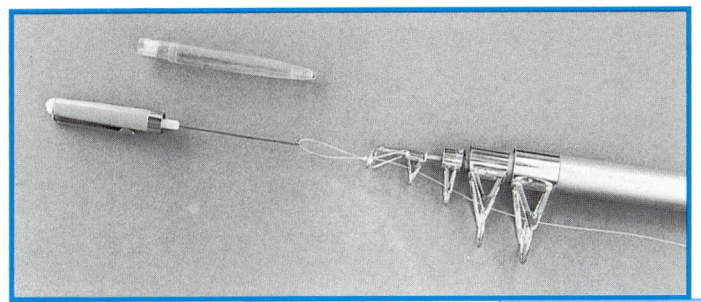

42

»Schnurdurchzieher« aus einem leeren Kugelschreibergehäuse basteln.

*Schnurdurchzieher
für Teleskopruten*

Wir brauchen dazu nur die leere Schreibmine
aus dem Kugelschreiber zu entfernen. In die obere Gehäusekap-
pe kleben wir dann mit Schnellkleber ein seitlich mit fest einge-
drückter Watte abgestütztes, kleines Plastikröhrchen (zum Ohrrei-
nigen bei Kindern), dessen Wattebäuschchen vorher entfernt wurden, ein und in dieses dann eine alte Ködernadel oder einen spe-
ziell zurechtgebogenen Drahthaken. Blitzschnell ist das ganze
Gerät fertig und kann in seinem Gehäuse mitgeführt werden.
Zum Gebrauch schieben wir den Drahthaken vom Spitzenring her
durch die zusammengeschobenen Rutenringe, erfassen mit dem
Haken die Schnurschlaufe oder den angebundenen kleinen Einhängewirbel und ziehen die Schnur dann einfach vorne beim Spitzenring heraus.
Wird der Drahthaken nicht gebraucht, liegt er geschützt im zuge-
schraubten Kugelschreibergehäuse.

»Stopper aus Flugzeuggummi« sind äußerst haltbar,
praktisch und schnell herzustellen. Soll ihre Halterung und Unterbringung dann aber auch noch eine blitzschnelle Verwendung
ermöglichen, z.B. so, daß sie bei Bedarf nur noch von ihrer Halterung auf die Schnur aufgeschoben werden brauchen, dürfte das
der Idealzustand sein.
Rechts auf der Abbildung ist der Flugzeuggummi für Modell-
Motorflugzeuge zu sehen und links daneben ein Springring, der
sich gerade über einen Finger schieben läßt.

51

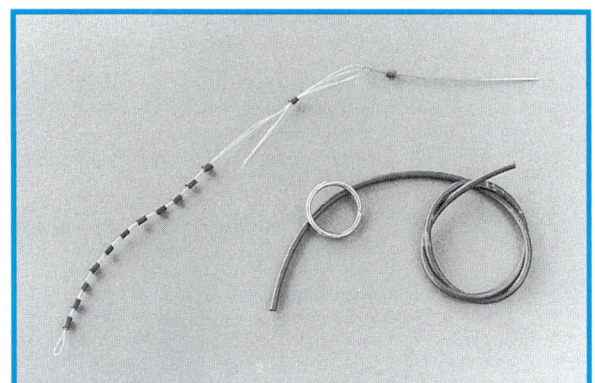

43

Halterung für Stopper-Gummis Darüber sehen wir die mit einer dünnen Nähnadel auf eine längere Schnurschlaufe aufgefädelten Stopperteilchen aus Flugzeug-gummi. Zum Schluß wird nur noch der Springring angebunden.

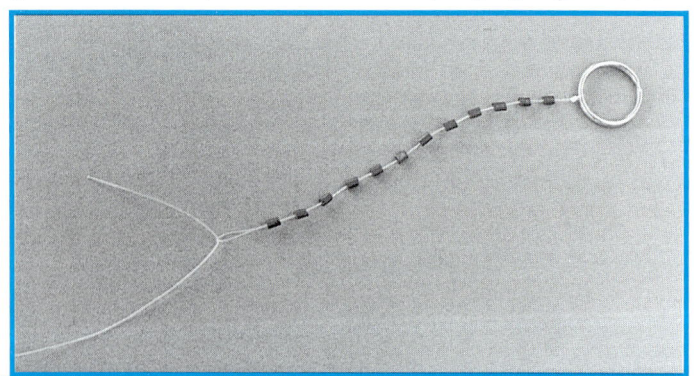

44

So sieht die fertige Stopper-Transport-Montage aus. Will man einen Stopper auf die Angelschnur aufschieben, brauchen wir diese nur unten durch die kleine Schnurschlaufe der Stopper-Transport-Montage zu schieben und den untersten Stopper zügig auf die Angelschnur herab- und dort aufzuschieben.

»**W**ollfaden-Stopper« haben, mit Ausnahme des Nähfaden-Stoppers, vor anderen Stoppern den großen Vorteil, daß sie sich äußerst klein zusammenziehen lassen. Sie sind damit sehr rutschfreudig beim Durchschlüpfen selbst durch kleinste Ruten-

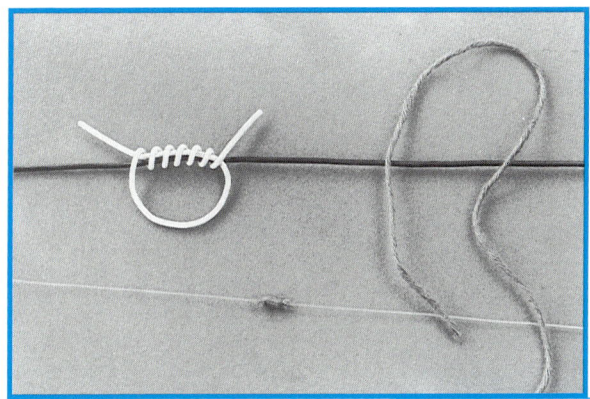

45

ringe und stoppen auch lockere Schnurklänge auf der Trommel unserer Rolle nicht gleich abrupt ab, wenn sie sich zwischen den

Rutschfreudiger Wollfaden-Stopper

Schnurklängen festgesetzt haben und diese beim Wurfvorgang am ungehinderten Ablauf behindern.
Wie der Wollfaden-Stopper gefertigt wird, ist dem links oben auf dem Bild, in weiß gefertigten Knoten zu entnehmen.
Man drückt dabei das Bindematerial von links her eng an die Hauptschnur, macht dann die Schlinge nach unten, links und oben und führt nun das nach rechts gerichtete Ende des Bindematerials von links nach rechts mehrere Male um die an der Bindestelle zusammengehaltenen Schnurteile herum nach rechts. Knoten zusammenschieben und -ziehen, Schnurenden eng am Knoten abschneiden - fertig!
Grün gefärbte Wolle (rechts) kontrastiert am wenigsten im Wasser.

Es läßt sich eigentlich gar nicht vermeiden. Wenn man beim Posenfischen einen »Hänger« hat und die Schnur abreißen muß, dann reißt nicht nur das Vorfach mit dem Haken ab, sondern

53

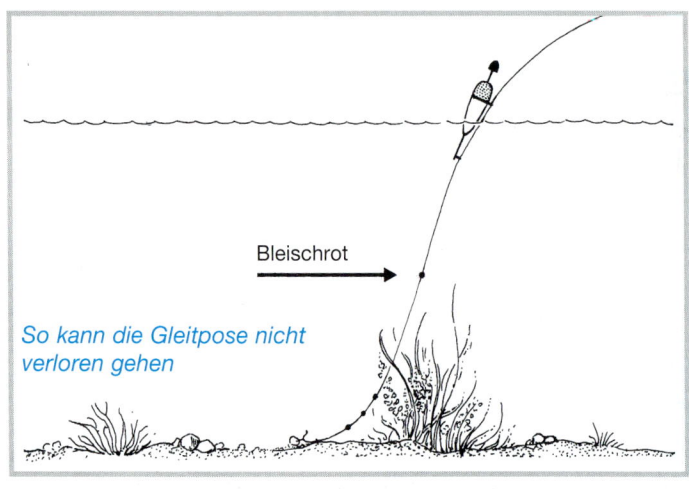

Bleischrot

So kann die Gleitpose nicht verloren gehen

46

rutscht auch die Gleitpose nach unten über das Schnurende und geht dabei meist verloren.Verhindert werden kann das, wenn man etwa 1 m über dem Vorfach ein kleines Bleischrot auf der Angelschnur anzwickt. Dann kann die Gleitpose auch nur bis hierhin abrutschen, weiter aber nicht.

Muß die Angelrute einmal an einem ganz steil zum Wasser hin abfallenden bzw. einem ganz steil nach oben gerichteten Uferdamm in einem Rutenhalter abgelegt werden, dann wird die Gerte schon bei der geringsten Berührung entweder mit ihrer Spitze steil nach unten ins Wasser oder nach hinten auf den Uferboden zu rutschen drohen. Beides kann zu Komplikationen führen.

47

Wirksamer Klettband-Rutenhalter

Dies läßt sich jedoch wirksam vermeiden, wenn wir die

54

Rutenhalter-Gabel mit dem weichen, flauschigen Klettbandteil ...

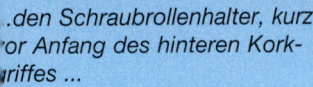

...den Schraubrollenhalter, kurz vor Anfang des hinteren Korkgriffes ...

... oder den hinteren Korkgriff direkt vor Griffende mit dem harten Klettbandteil umkleben und darauf klemmen.

Bringt man beim Ablegen der Gerte diese beiden Klettbandteile zusammen, halten sie auch fest zusammen, allerdings nicht so fest, daß sie sich beim Anbiß eines Fisches nicht wieder blitzschnell voneinander lösen würden, wenn wir die Gerte zum Anhieb nach oben anzuheben versuchen.

An der Bootswand klebt man dazu oder befestigt mit Reißnägeln die weiche und flauschige Klettbandhälfte auf der obersten Bordwandkante, dort, wo die Gerte steil nach oben abgestellt werden soll.
Die harte Klettbandhälfte wird dann auf der flauschigen Hälfte (hier auf dem Foto rechts) ganz fest aufgedrückt. Dann wird das harte Klettband locker über die Gerte nach links geführt und hier auf einem ganz kurzen Stück ganz leicht auf die Flauschseite aufgedrückt. Die Schnur läuft oben über das Klettband, wird also nicht mit eingezwickt.

50

Klettband-Ruten-halter für Boots-wand oder Steg

Die unten, bei offenem Schnurfangbügel von der Schnurtrommel wegführende Schnur wird in einer kleinen Schlaufe, vom Fisch leicht herausziehbar, unter den auf dem Vordergriff sitzenden Spanngummi geschoben.

Beißt ein Fisch an, kann er die von der Rolle wegführende Schnur ungehindert und leicht abziehen. Von der Rolle kann keine lockere Schnur auf den Bootsboden fallen und dort zu Verwicklungen führen.

Haben wir den Anbiß wahrgenommen, kann der Klettbandverschluß blitzschnell geöffnet und die Rute zum Anhieb in die Hand genommen werden.

Auf dem Steg ist der Klettband-Rutenhalter in entsprechender Weise zu benutzen. Die flauschige Klettbandhälfte wird dann mit größeren Reißnägeln auf den Stegbrettern, also unten, befestigt, die »harte« oben darüber. Die Gerte kann dann am Stegrand flach auf den Steg gelegt werden.

Beispiele für anbißbegünstigende Geräte

Überaus einfach, leicht und schnell ist der hier beschriebene »Tiefenloter für flachere Gewässer« herzustellen. Man braucht dazu nur einen länglichen Streifen aus einem Stück Fensterleder oder Fahrradschlauch, etwa 7–8 cm lang, zuzuschneiden und unten in der Breitseite ein größeres Bleischrot anzuzwicken.

In den oberen Schmalteil des Fensterlederstreifens machen wir mit einem spitzen Taschenmesser einen 2–3 mm langen Einschnitt, durch den später der Haken hindurchgeführt wird.

Beim Gummischlauchstreifen genügt es, den Haken vorsichtig durchzustechen und später wieder ganz vorsichtig zurückzuführen. Der Gummi reißt dann nicht aus.

Dieser Tiefenloter ist etwas schwerer gebaut als der vorher beschriebene und er sinkt auch schneller nach unten.

Statt des Fensterleder- bzw. Fahrradschlauch-Streifens bedienen wir uns eines kleinen Plastikröhrchens – Ohrreinigerstäbchen oder auch Ventil- bzw. Silikonschläuchlein –, etwa 3–4 cm lang und 3 mm dick.

Für mittlere Tiefen dre-

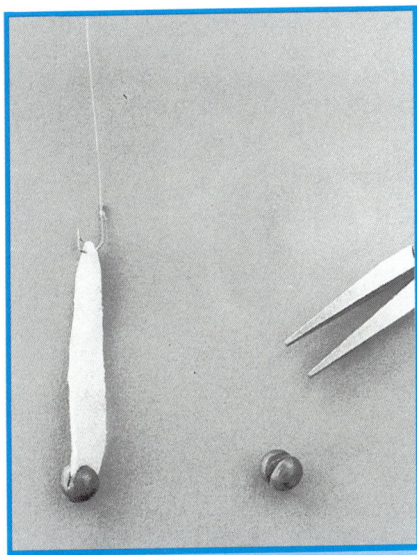

51

Tiefenloter für flache Gewässer

Tiefenloter für extreme Tiefen

52

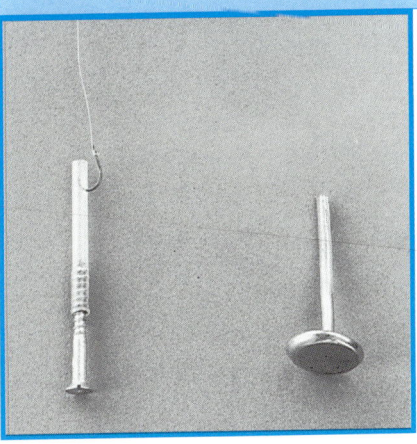

57

hen wir in das Schläuchlein eine dickere, längere Holzschraube, für größere eine Schraube mit besonders breitem Kopf ein.
Ein ins obere Ende des Röhrchens eingestochener kleiner Schlitz ermöglicht die mühelose Einführung des Häkchens.

Balsaholz-Posen sind überaus zerbrechlich. Ihre feinen Antennen jedoch noch mehr. Um sie wieder gebrauchsfertig und

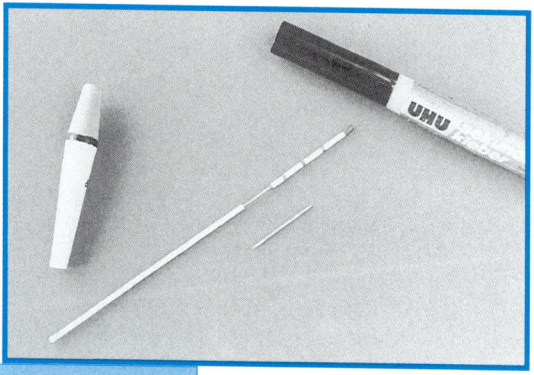

53

Antennen-Reparatur einigermaßen widerstandsfähig zu machen, müssen zerbrochene Antennen mit Sekunden-Kleber geklebt werden. Dauerhaft gelingt dies jedoch nur dann, wenn wir eine von ihrem Kopf befreite und dort spitz zugefeilte dünne Stecknadel zwischen den beiden zerbrochenen Antennenteilen einschieben und einkleben.

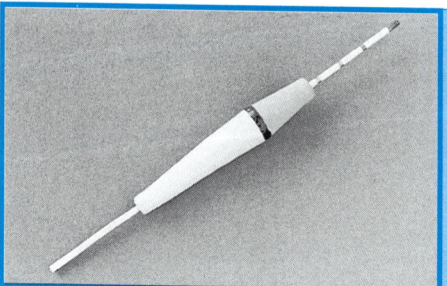

Und hier ist die Pose mit wieder zusammengeklebter Antenne zu sehen. Die eingeklebte Metallnadel hat übrigens keine Einfluß auf die senkrechte Stehfestigkeit der Pose oder ihre Tragkraft!

54

58

Ist die Antenne unserer Pose einmal abgebrochen, heißt es, sie möglichst schnell und wirksam zu ersetzen. »Wirksam« heißt dabei, möglichst durch ein zäheres Material als das vorher

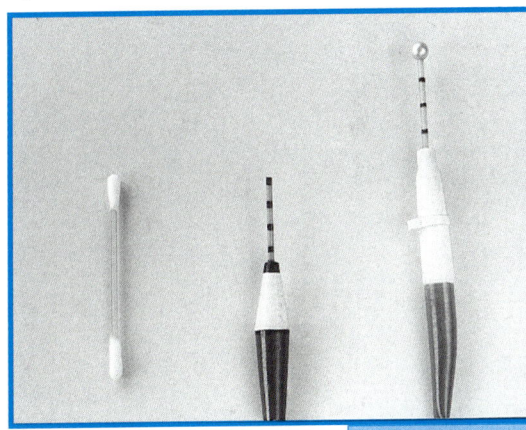

55

verwendete. Man kann dabei z.B. dicke Borsten oder Zahnstocher verwenden. Am besten eignen sich dazu jedoch die kleinen Ohrreiniger-Röhrchen, von denen man die

Abgebrochene Posen-Antennen ersetzen

beiden jeweils an den Enden angebrachten Wattebäuschlein entfernt und die man dann glättet.
Sie werden oben in den Posenkopf eingeklebt, noch bemalt und eventuell mit einer Antennenkugel versehen.

Mit ihr beangelt man die übervorsichtigen Fische, wie z.B. kapitale Schleien und Karpfen, die sich an der Außen-Beschwerung der auf die übliche Weise außen mit angezwickten Bleischroten versehenen Vorfächer stoßen und dann den Köder oft nicht weiter beachten.
In diesem Fall verlagern wir die jeweils notwendige Bleimenge einfach in die Pose selbst.
Wir wählen dazu eine Antennenpose, deren oberste Körperöffnung etwas größer als die in die Pose hineinzuschiebenden, zugedrückten Bleischrote ist. Eventuell erweitern wir diese Öffnung

59

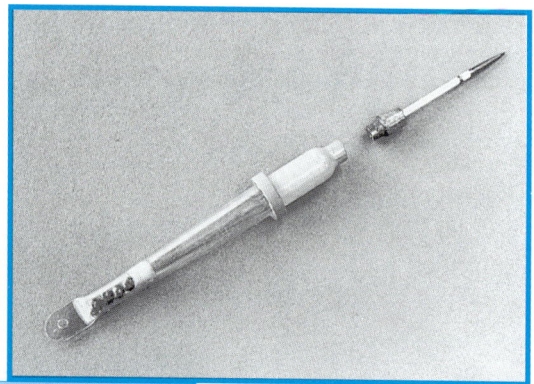

56

Posen mit Innenbeschwerung noch ein wenig. Dann schieben wir 4 bis 6 kleine Bleischrote in die Pose hinein, drücken sie in den Unterteil der Pose und stopfen noch ein bißchen klebrig gemachte Watte darüber, damit die Bleikügelchen nicht in der Pose hin- und herrutschen können.

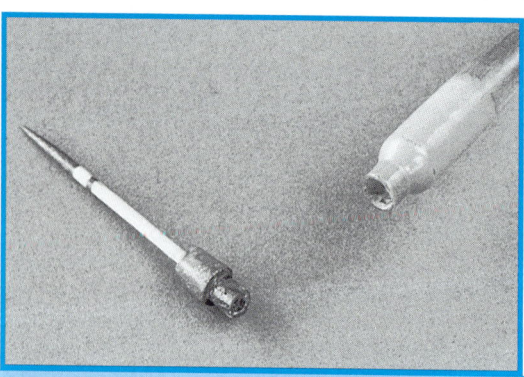

57

Schließlich wird noch ein Abschlußkork mit eingeklebter Antenne gefertigt.

Der Köder kann so ganz natürlich und langsam nach unten absinken, da ja in diesem Fall mit unbeschwertem Vorfach geangelt wird.

60

Seitenzweig-Montagen sind gar nicht so einfach herzustellen. Es ist eine Fummelarbeit, namentlich mit kalten und klammen Fingern. Die Arbeit kann man sich allerdings erheblich erleichtern, wenn man auf folgende Weise vorgeht. Wir knüpfen hierbei nicht, wie sonst üblich, den kürzeren Seitenzweig an die Hauptschnur an, sondern knüpfen eine längere Schlinge am Vorfach oder Schnurende und durchschneiden dann die Schlinge ungleich lang mit Schere oder Messer. Und schon hat man einen längeren Haupt-Angelzweig und darüber einen kürzeren Seitenzweig. Die Schnurenden werden dann nur noch mit Haken oder künstlichen Ködern bestückt.

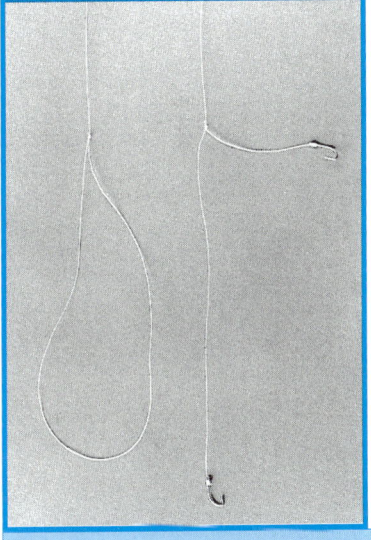

58

Blitzschnelle Seitenzweig-Montage

Haben wir einmal unsere Posen daheim vergessen oder wollen mit einem unbeschwerten Vorfach kristallklares Wasser beangeln, kann sich der Griff zur Notpose aus Styroporstückchen durchaus lohnen! Wir greifen dann zu einem kleinen Styroporstückchen, das

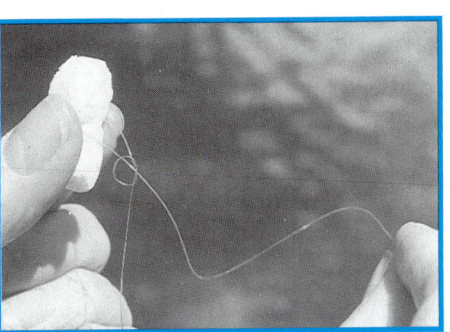

59

Ersatzpose aus Styroporstückchen

61

wir entweder direkt am Wasser finden oder auch zu diesem Zweck von zu Hause mitnehmen. Wir kehlen es um seine Mitte herum ein wenig ein und befestigen es nun, wie aus der Abbildung ersichtlich, mit einer Schnurschlinge an unserer Angelschnur.

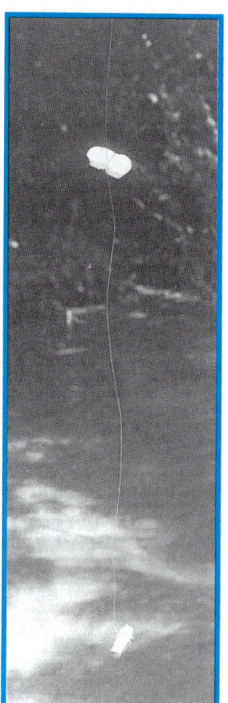

Dann ziehen wir die Schnurschlinge fest zusammen und lassen den nach unten zum Köder führenden Vorfachteil unbebleit! Den Köder kann man nun unbeschwert und ganz natürlich nach unten absinken oder von einer eventuell vorhandenen Strömung hin- und hertreiben lassen. Erscheint uns die weiße Farbe des Styroporstückchens zu kontrastreich, wälzen wir es vor seiner Montage an die Schnur einfach etwas in weichem Schlamm, und schon hat unsere Pose eine natürliche Tarnfarbe, die auch nicht so leicht verblaßt.

Aus Antennen-Pose mach schnell »Segel-Pose«

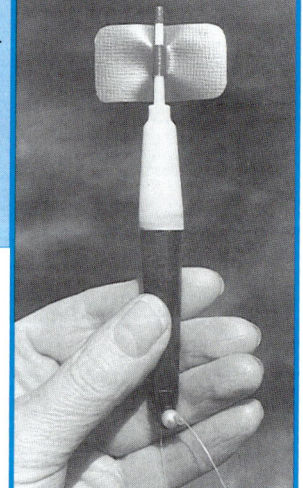

61

60

Wollen wir einmal unsere normale Antennenpose dazu benutzen, um einen sehr leichten Köder, bei leicht ablandigem Wind, ganz weit draußen stehenden Fischen anzubieten, genügt eine kleine Veränderung unserer bisherigen Pose,

62

und schon läßt sich unser Wunsch in die Tat umsetzen. Wir benötigen dazu nur ein Stückchen biegsames, dickeres Plastikmaterial, das wir, wie aus der Abbildung ersichtlich, zweimal mit einem scharfen Taschenmesser schlitzen. Dann schieben wir nur noch unsere Posenantenne durch das Plastik-Segel und schon kann's losgehen.

Den Köder montieren wir an ein möglichst spärlich bebleites Vorfach. Dann wird die Segel-Pose vorsichtig ins Wasser gesetzt. Der Wind übernimmt die übrige Arbeit und treibt die Segel-Pose vorsichtig und nicht allzu schnell an unsere weit draußen befindliche Zielstelle.

Will man seinen Köder (bei nur geringer Bebleiung) ziemlich in Ufernähe bei starker Abenddämmerung oder nachts auf große Brachsen, Schleien oder Karpfen grundnah anbieten, dann bewährt es sich, wenn man dazu keine normale Pose verwendet, die zu wenig sichtig ist, sondern eine sofort ins Auge fallende Notpose.

62

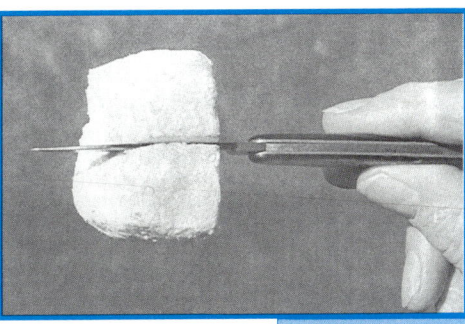

63

Wir schlitzen dazu nur ein mittelgroßes Stückchen Styropor, wie ersichtlich, ein und ziehen dann nur noch unsere Angel-

Notpose aus Styroporstückchen

63

64

schnur in den eben gefertigten Schlitz hinein.

Das genügt, die Schnur sitzt fest in der Schlitzstelle, um beim Herum-gezogen-Werden oder Drill nicht gleich abgestreift zu werden.

Am besten sollte der Schlitzwürfel auf etwa 1,5 Längen der am Angelplatz vorherrschenden Wassertiefe festgeklemmt werden.

Gleichgültig, wo nun genau unsere vorherige Fangstelle liegt, z.B. am Rand oder in der engen Gasse eines Pflanzenbeetes, am Steilabfall der ersten Schar oder irgendwo in unserer

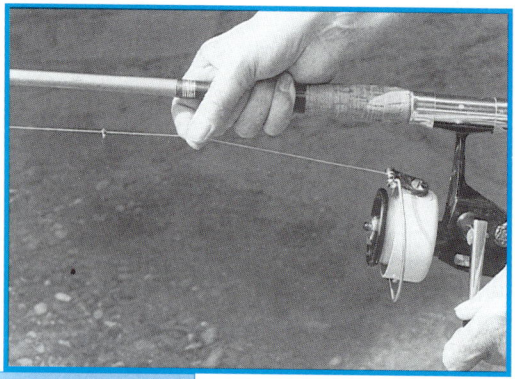

65

Die alte Fangstelle schnell und genau wiederfinden

unmittelbaren Ufernähe, haben wir dort schon einen oder gar mehrere Fische gefangen, dann wollen wir diese Fangstelle, nach Versorgen unseres ersten Fisches, möglichst schnell und genau wiederfinden.

Das ist auch durchaus möglich, wenn wir uns einen dünnen, auffällig gefärbten Wollfaden gleich anfangs dort um die Angelschnur herumknoten, wo wir zu angeln anfangen. Werfen wir eine neue Fangstelle an, dann verschieben wir diesen Knoten eben entsprechend weit auf unserer Schnur. So wissen wir immer, namentlich nach dem Fang, in welcher Entfernung wir zuletzt geangelt haben. Soweit es möglich ist, werfen wir immer etwas weiter als eigentlich erforderlich ist und ziehen dann so viel Schnur wieder ein, bis der Signalknoten dicht vor unseren Fingern wieder auftaucht.

Anleitung für die Köderbereitstellung

An unserem letzten Angeltag übrig gebliebener Hartkäse braucht bis zum nächsten Angeltag durchaus nicht so hart zu werden, daß er sich nicht mehr verwenden läßt. Der Haken muß ja beim Anhieb durch den Käsebrocken leicht »durchschlitzen« und darf nicht nur den ins Fischmaul schon eingesogenen Köderbrocken grobe Ruckbewegungen versetzen.

66

Hartkäse . . .

Zu diesem Zweck weichen wir den Hartkäse einige Tage vor dem nächsten Angelausflug in Milch ein, oder wickeln ihn in Zellophanpapier, wenn wir vom letzten Angelausflug nach Hause kommen. Dann muß der Hartkäse natürlich sofort in den Kühlschrank zurückgelegt werden.

. . . in Zellophanpapier eingewickelt

67

65

In beiden Fällen haben wir den gewünschten Erfolg, nämlich, daß der Käse zumindest einige Tage lang frisch und weich bleibt.

Es ist nicht gerade jedermanns Sache, feucht-schwabbelige Würfelchen aus gestocktem Blut oder blutgetränkte Leberwürfel zwischen den Fingern herumzudrücken. Gerade aber in der kühlen Jahreszeit sind blutgetränkte Köder eines der besten Lockmittel auf alle Fischarten!

Keinen Ekel dagegen empfinden wir, wenn wir mit sauberen, kleinen Schaumgummi-Fetzchen herumhantieren müssen, die auf

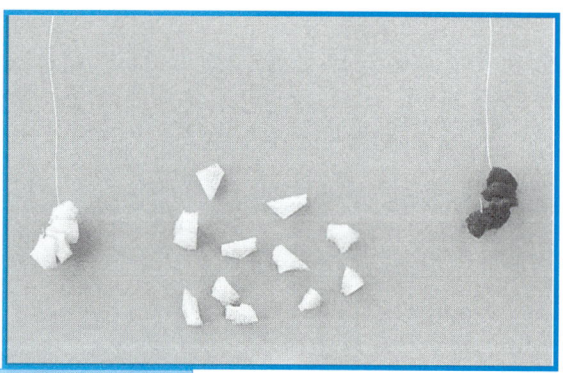

68

Blut-Köder appetitlich

einen Haken gesteckt und später in beim Metzger geholtem Rinderblut getränkt werden. Wir montieren gleich ein Dutzend oder mehr Haken vor, tränken sie in Blut, lassen sie an der Luft trocknen und transportieren sie dann in einer kleinen Thermosflasche ans Wasser. In ihr bleiben sie stundenlang frisch und beginnen nicht zu stinken. Brauchen wir einen Köder, entnehmen wir ihn der Thermosflasche und klinken die Vorfachschlaufe in den winzigen Einhängewirbel der Hauptschnur ein.

Wenn wir auch in deutschen Gewässern nicht mehr mit lebenden Köderfischen fischen dürfen, so gilt dieses Verbot jedoch nicht, wenn man bei entsprechender Begründung eine

Ausnahmegenehmigung für ein bestimmtes Gewässer und eine bestimmte Fischart bekommen hat oder für ausländische Gewässer. Auch tote System-Fischchen müssen ja, bevor man sie tötet, erst ein mal lebendig gefangen werden.

Der Köderfischfang geht blitzschnell vor sich, und die kleinen Fischchen werden dabei in keinerlei Hinsicht irgendwie gequält! Legen wir die Köderfisch-Reuse aus, bevor wir unser Angelgerät am Wasser zusammengestellt haben, ist sie meist schon mit zahlreichen Fischchen gefüllt, bis das Angelgerät bereit zur Verwendung ist.

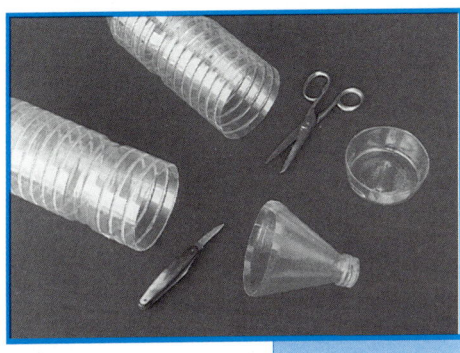

69

Köderfisch-Reuse aus Plastikflasche

Zur Herstellung der Köderfisch-Reuse benutzen wir zwei 1,5-Liter-Plastikflaschen, in denen es normales Trinkwasser zu kaufen gibt. Mit einem scharfen Taschenmesser und einer größeren Schere trennen wir jetzt von der einen Flasche die obere Flaschenverjüngung, also ihren Trichter, und von der anderen Flasche den unteren Boden ab. Der Schnittrand wird noch etwas geglättet. Dann nehmen wir die Flasche, bei der der Boden entfernt wurde, stecken ein 100 g - Sargblei hinein, damit die Flasche von der Strömung nicht hin- und hergerollt werden kann und kleben nun den Trichter, von dem wir die Schraubkappe abgenommen haben, mit seiner Spitze in das Flascheninnere gerichtet, mit gutem Plastikkleber ein. Auch diese beiden zusammengeklebten Schnittränder werden mit grobem Sandpapier noch etwas geglättet. Zum Schluß

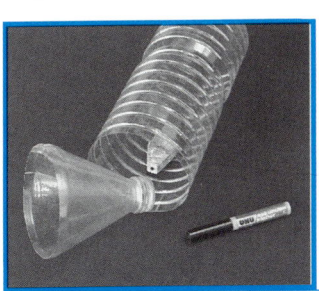

70

Trichterspitze in das Flascheninnere kleben

67

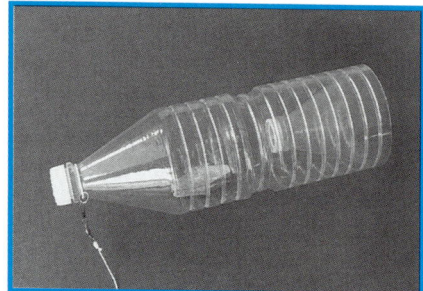

71

Die fertige Fisch-Reuse

befestigen wir am Hals der Flasche, kurz hinter dem Schraubdeckel, durch den später die Fischchen in einen Wasserbehälter gegossen werden, noch eine etwa 3 m lange feste Schnur, mit der die Köderfisch-Reuse angebunden werden, ins Wasser abgesenkt oder wieder heraufgezogen werden kann. Damit das Blei nicht dauernd hin- und herklappert, kann man es etwa in der Mitte der Flasche mit braunem oder grünem Tesa-Gewebeklebeband festkleben.

Der Schraubdeckel wird mehrfach durchlöchert. Zum Absenken drücken wir, wenn möglich, die Flasche fest unter Wasser, bis sie sich mit Wasser gefüllt hat und keine Luftblasen mehr im Flascheninneren sind.

Als Lockköder werfen wir hinten, in den nach innen hin offenen Trichter mehrere Würmchen, Maden oder Brotstückchen ein, die dann den außen herum schwimmenden kleinen Fischchen sichtbar sind. Sie versuchen, an diese Leckerbissen heranzukommen, umschwimmen die Reuse, finden den hinteren, ins Innere der Flasche führenden Trichter und schwimmen in die Flasche hinein, aus der sie aber nicht mehr entkommen können. Bei Strömung sollte der Einschwimm-Trichter immer stromabwärts gerichtet sein.

Hat man in einem kleineren Fließgewässer einen größeren Fisch ausgemacht, der sich mit keinem Köder verführen lassen will, dann gibt es ein todsicheres Mittel, um ihn doch noch zum Anbiß zu bewegen! Wir müssen ihn dazu nur an den von uns ausgesuchten Köder, hier z.B. Maden ... gewöhnen! Und das geht so vor sich:

Wir besorgen uns eine von ihrem oberen Deckel befreite oder oben ohnehin schon offene Blechbüchse, versehen ihr Bodenteil mit vielen Löchern (Ø 1,5–2 mm) und bringen am oberen Büch-

Maden-Anfütterungsdose **72**

senrand noch drei Löcher für die Halteschnüre an, mit denen die Büchse waagerecht, dicht unter dem Spitzenteil eines längeren Astes angebunden wird.

Nun häufen wir auf dem Boden einige kleinere Fleisch- oder Fisch-Abfallreste an und hängen dann die Büchse, durch schräg-nach-oben-Einstecken des Astes in den Uferboden, möglichst flach über das Wasser. Eine eventuell in der Nähe vorbeiführende Strömung sollte direkt auf den Standplatz des vorher ausgemachten Fisches zuführen.

Schon nach kurzer Zeit werden die Fleisch- oder Fischabfälle von grünen oder blauen Fleischfliegen ausgemacht. Sie legen ihre Eier auf den Abfällen ab und schon nach wenigen Tagen haben sich die ersten Fleischmaden entwickelt, die dann nach unten, in den Schatten und damit zum durchlöcherten Boden der Dose kriechen. Sie zwängen sich nach und nach ins Freie, fallen ins Wasser und treiben auf unseren großen Fisch zu, der so an unseren späteren, eigentlichen Angelköder gewöhnt wird. Ihn wird er dann auch ohne jegliches weitere Mißtrauen nehmen!

69

Daß sich Fische durch natürlichen Köderduft an einen Angelplatz locken bzw. dort längere Zeit am Platz halten lassen, ist eine altbekannte Tatsache! Sehr gut realisieren läßt sich diese Kenntnis, wenn wir nicht allzuweit weg von unserer Friedfischan-

73 | *Lockmittel: Natürlicher Köderduft*

gel und möglichst dicht neben unserem eigenen Angelköder in einem durchlöcherten Döschen, das an einer getrennten Halteschnur angebunden wird, einen die Fische anlockenden Köder, wie z.B. Würmer, Maden, frische Leber und dgl. Am Grund auslegen und diese Lockköder dann auch noch mit entsprechenden Lockölen, wie z.B. Heringsöl, Anisöl oder anderen im Handel erhältlichen Lockölen zusätzlich parfümieren. Nur wenige Tropfen reichen dafür schon aus.

Eventuell vorhandene leichtere Strömungen transportieren diesen Köderduft auch in größere Weiten, so daß die Fische oft den Duftwolken erst weiter entgegenschwimmen müssen, ehe sie in die Nähe unseres ausgelegten Köders kommen.

70

Frische Speckwürfel sind nicht nur ein hervorragender Köder für alle Friedfische, sondern auch für alle Raubfische der kleineren bis größeren Gewichtsklasse.

Wir verwenden dabei keinen durchwachsenen, sondern den reinen, weißlichen Speck, und zwar (und das ist wichtig) »Speck mit Schwarte«! Auf ihr können wir den Speck in jeder Richtung schneiden, haben also eine prächtige Schneideunterlage stets dabei und brauchen uns nicht immer wieder eine zu suchen.

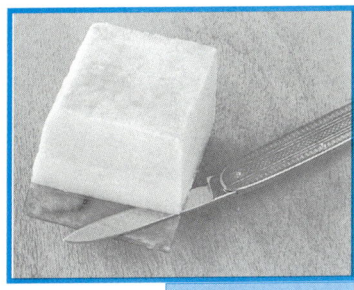

74

Speckwürfel immer griffbereit und frisch

Zuerst schneiden wir mit einem scharfen Taschenmesser, etwa 3–4 cm weit, dicht an der Schwarte entlang und lösen so die Speckschicht von ihrer harten Unterseite. Dann führen wir das Messer parallel zum ersten schwartenlösenden Schnitt mit mehreren waagerechten Schnitten nach oben. Die Schichtdicke sollte etwa 6–8 mm betragen.

Anschließend wird das Messer mit mehreren senkrechten Schnitten von oben nach unten geführt, so daß balkenförmige Streifchen entstehen.

Dann wird vorne nur noch ein Querschnitt geführt, der lauter kleine Quader entstehen läßt. Man läßt sie an der Speckschwarte und dem hinteren Hauptspeckwürfel »kleben« und holt sich immer nur dann einen Speckwürfel von der Masse herunter, wenn man ihn braucht.

Der Speckwürfel wird vor der Montage noch ein klein wenig zusammengequetscht und erst dann auf

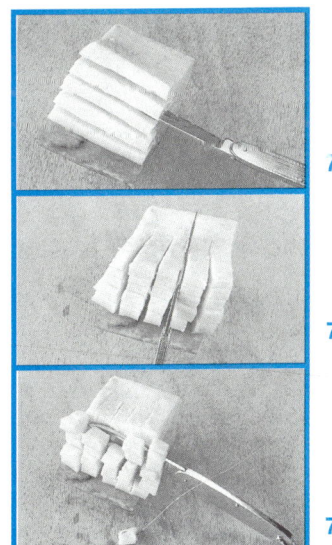

75

76

77

Speckwürfel richtig zuschneiden

den kleinen Goldhaken der Gr. 8 bis 11 aufgespießt. Einfach ein umwerfender Köder!!

Speckwürfel sind sehr dauerhafte Köder, mit denen sogar oft mehrere Fische hintereinander gefangen werden können. Die Speckschwarte sollte immer etwa 1 cm weit unter dem restlichen Hauptspeckwürfel herausstehen, um sie jederzeit als Schnittunterlage benutzen zu können.

Nach dem Angeln werden die Speckwürfel in Pergamentpapier eingewickelt und zu Hause sofort in den Kühlschrank gelegt. Sie halten sich so viele Wochen lang und sind jederzeit gebrauchsbereit.

Heuschrecken sind einer der besten Friedfischköder der Spätsommer- und Herbst-Saison! Damit sie uns jedoch beim Sammeln, Hineinstecken in den und Herausnehmen aus dem

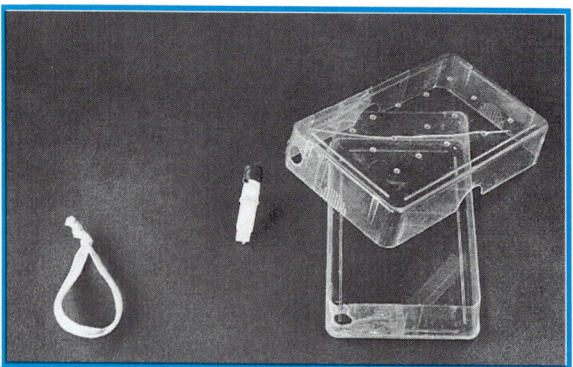

78

Heuschrecken-Dose Behälter nicht immer wieder davonspringen können, basteln wir uns mit wenigen Griffen eine eigene Heuschreckendose. Das ist eine Plastikdose aus festem Material, flach und nicht allzu klein.

Ein eigenes Eingangstürchen bekommt die Dose dadurch, daß wir die beiden Teile, die möglichst weit übergreifen sollen, fest zusammenklemmen und nun mit einer Bohrmaschine, nahe einem Eck, damit die Dose beim Bohren nicht zu weit nachgibt oder splittert, ein 8 mm-Loch durchbohren. Dann werden beide Löcher auf ihren

72

beiden Seiten entgratet, damit sich die Tierchen beim Durchschieben nicht verletzen können.

Nun schneiden wir uns noch einen Verschlußkorken zurecht, den wir an etwa 6 cm Angelschnur neben dem Lochdurchgang festkleben. So kann die »Wohnungstür« im hohen Gras nicht verloren gehen. Eine übergestreifte Schlinge aus Wäschegummi hält die beiden Plastikschachtel-Hälften fest zusammen.

Getötet werden die Heuschrecken durch Wurf auf einen festen Gegenstand, eventuell auch auf die Schachtel oder fest zusammengetretenen Erdboden bzw. Auf felsigem Untergrund. Ein Abreißen des Kopfes, wie es oft geraten wird, würde sie vollkommen wertlos machen, da die Fische nur Insekten mit Kopf fressen!!!

Anleitung für fangbegünstigende Gerätemontagen – Fangmethoden

Welche verheerenden Folgen, bis zum Spitzen- oder gar Rutenbruch eintreten können, wenn die Schnurlaufringe nicht fachgerecht über die gesamte Rutenlänge, vor allem ihr vorderes Drittel, verteilt worden sind, wurde schon im Textteil dieses Kapitels erwähnt. Hier, auf dieser Abbildung z.B., ist der Spitzenteil der

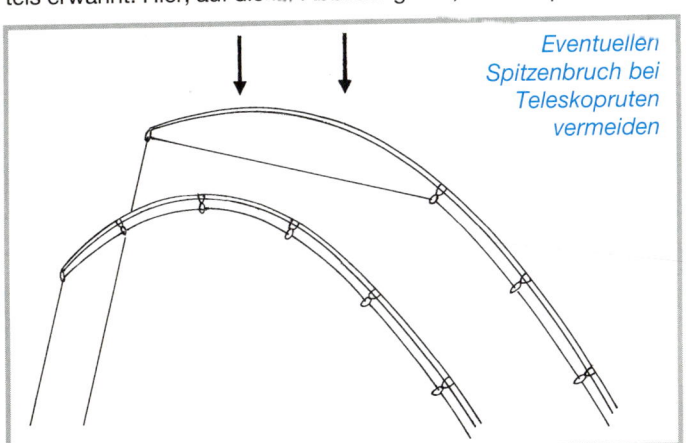

Eventuellen Spitzenbruch bei Teleskopruten vermeiden

79

73

oberen bzw. unteren Teleskopgerte mit zwei Spitzenringen zu wenig (siehe Pfeilstellen) ausgestattet worden. Unter stärkerer Belastung wird dieser Spitzenteil links vom linken Pfeil, kurz vor dem dann folgenden Ring, mit großer Wahrscheinlichkeit abbrechen! Jetzt verläuft die Gertenspitze auf jeden Fall zu gerade und ohne jegliche Abfederung.

Plazieren wir dagegen an den Pfeilstellen zwei kleine Rutenringe, bei einer Teleskoprute nach vorne schiebbare, dann wird die vorher fehlende Abfederungskraft der Gertenspitze wieder hergestellt und ein zukünftiger Spitzenbruch verhindert. Auch die gesamte »Ruten-Aktion« wird wieder hergestellt, wir können also wieder leichte Köder mühelos in größte Wurfweiten schleudern.

Überaus wichtig für das Anzeigen eines Anbisses oder die Benutzung von speziellen Bißanzeigern kann es sein, daß die Schnur nach dem Auswerfen des Köders und dem Ablegen der

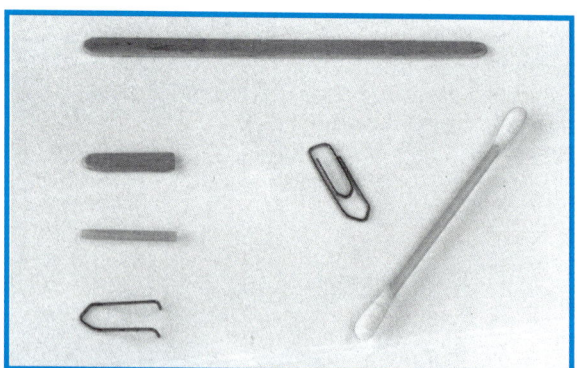

80

Schnur-Festklemmer: Flachholz, Röhrchen, Büroklammer

Gerte in einem Rutenhalter so an der Rolle oder Gerte festgeklemmt wird, daß die Schnur von dieser Einklemmstelle zwar nicht herunterfallen und sich dann am bewachsenen Boden verhängen kann, daß sie aber doch jederzeit vom anbeißenden Fisch überaus leicht und hemmungsfrei und kein Mißtrauen erregend aus der Festklemmstelle herausgezogen werden kann!

Um dies zu erreichen, gibt es, wie aus den folgenden Bildern zu entnehmen ist, drei Möglichkeiten: 1. mit dem Flachholz, 2. mit dem Röhrchen und 3. mit der Büroklammer.

Bei allen drei Varianten wird die Festklemmstelle an das Ende des Vordergriffes der Rute, also dorthin plaziert, wo der Metall-Schraubrollhalter anfängt. Hier, genau seitlich über der Trommel der offenen Stationärrolle wird der kleine Festklemmhebel, hier ein »Flachhölz-chen«, mit der Öffnung nach links, also nach vorne zur Rute hin, mit Tesa-Gewebekle-beband am Korkgriff festgeheftet. Die Schnur wird dann, bei geöffne-tem Schnurfang-bügel straff von der Schnurtommel zum Festklemmhebelchen nach oben geführt und dann, wie ersichtlich, ganz, ganz leicht eingeklemmt. Von selbst darf die Schnur nicht von der Festklemmstelle herunterfallen, muß sich aber von einem anbeißenden Fisch leicht und ohne jede Behinderung abziehen lassen. Besteht das kleine Festklemm-Hebelchen aus einem kleinen Stück eines »Plastikröhrchens« (Ohrreiniger-Stäb-chen), wird es genauso wie das Flachhölzchen am Rutengriff befestigt und in Betrieb ge-nommen. Dasselbe gilt für das Fest-klemm-Hebelchen aus einer »Büro-klammer«, deren beiden Enden aller-

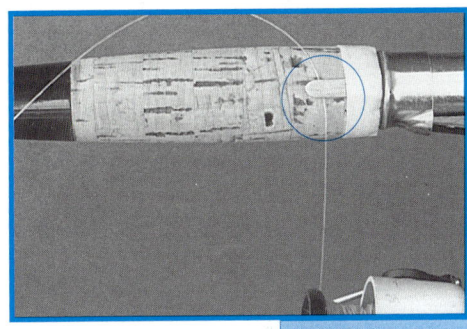

81

Flachhölzchen am Korkgriff

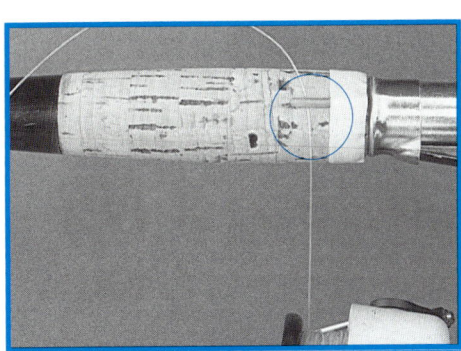

82

Es kann auch ein Ohr-reiniger-Stäbchen sein

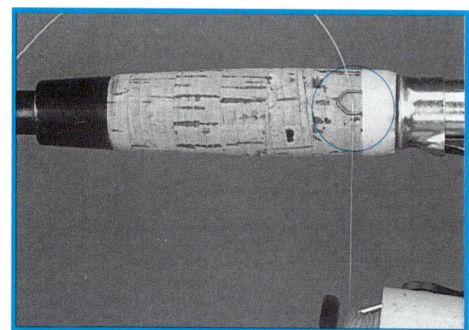

dings – wie aus Abb. 80 ersichtlich – 2 mm scharf nach unten abgewinkelt, in den Korkgriff eingestochen und erst dann mit Klebeband am Griff befestigt werden.

83

... oder eine Büroklammer

Will man eine »Seitenarm-Montage«, ähnlich der hier abgebildeten, also durch einen auf einer zusammengedrückten Drahtschlaufe (ganz dünner Stahldraht) aufgeschobenen, winzigen Einhängewirbel mit links und rechts dicht daneben sitzenden Perlen und außen daneben sitzenden Stoppern fertigen, kann man diese Montage auch schon daheim vorfertigen, was wir besonders bei kaltem Wetter sehr zu schätzen wissen.

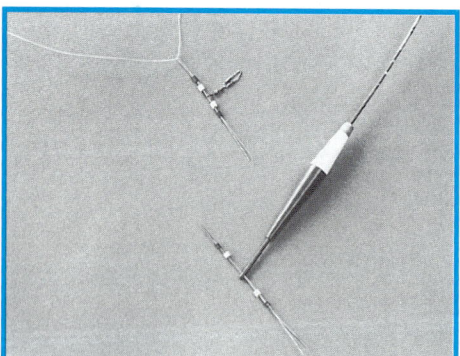

Seitenarm-Montage, daheim vormontiert

Zur Befestigung der vorgefertigten Seitenarm-Montage schiebt man nur das Ende der Angelschnur durch die kleine Drahtschlaufe und drückt dann das Ganze auf die Schnur auf. Fertig!

Der Seitenzweig selbst wird dann an dem in der Mitte der Montage befindlichen winzigen Einhängewirbelchen oder »Leger Bead« eingeklinkt.

Je weniger Knoten unsere sonst übliche Schnur-Vorfach-Kombination aufweist, um so stärker und widerstandsfähiger ist sie. Verwenden wir sehr haltbare Schnüre, können wir auch erheblich dünnere als sonst verwenden und steigern dadurch unsere Anbißchancen. Auch kleinere und weniger sichtige Posen können wir dann montieren. Die eigentliche Bleibeschwerung wird als winzige Loch-Bleikugel über einen darunter an der Hauptschnur befestigten winzigen Stopper geschoben. Die Hauptschnur ist so zwar wie erforderlich beschwert, wird aber nicht durch das Anzwicken eines größeren Bleis an der Schnur oder durch etliche Verknotungen an der Schnur geschwächt.

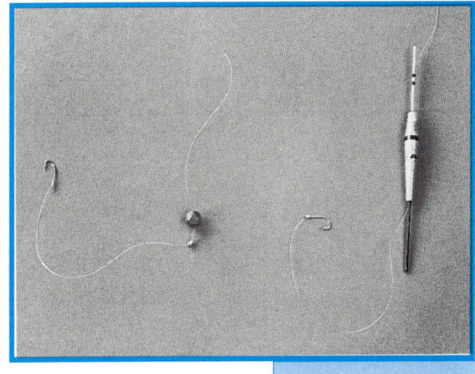

85

Angeln ohne Vorfach

Wollen wir unsere Anbißchancen beim Beangeln von Aalen und Plattfischen erheblich steigern, dann schieben wir oberhalb des anmontierten Hakens ein etwa 8–15 cm langes Stückchen eines roten Plastik-Schläuchleins auf das Vorfach oder die Angelschnur. Vor das Schläuchlein und an sein Ende schieben wir noch eine leuchtend rote Perle dazu. Damit das Schlauchende nicht nach oben, zur

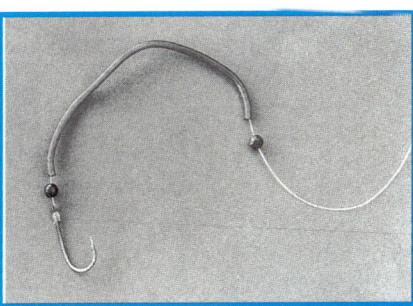

86

Lockmontage für Aale und Plattfische

77

Schnurmitte hin, verrutschen kann, wird es durch ein vor der Perle angezwicktes und eventuell in diese eingeschobenes winziges Bleischrot oder einen winzigen Stopper daran gehindert.

Der Anhieb wird nur dann sicher und schnell übertragen, wenn die Schnur aus dem sie mit der Hakenöse verbindenden Knoten gerade und nicht abgewinkelt herausführt.

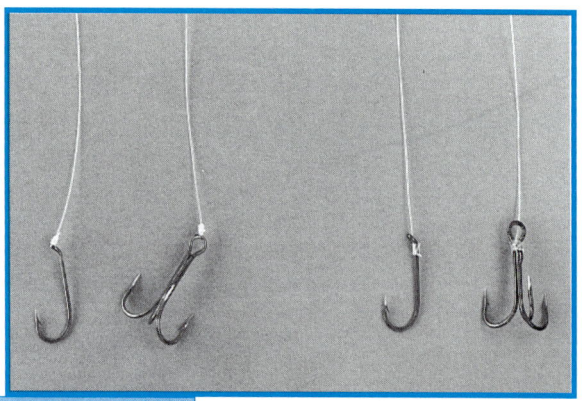

87

So wird der Anhieb sicher und schnell übertragen.

Damit keine Abwinkelung (wie links auf dem Bild ersichtlich) entsteht, binden wir die Schnur nie direkt in der Hakenöse selbst an! Der Schnurknoten könnte dort sonst leicht seitlich verrutschen und den Haken in der Verknotung abwinkeln. Die Schnur wird vielmehr, wie auf den rechten beiden Beispielen von hinten bzw. Von unten her durch das Hakenöhr durchgeschoben und dann erst »auf dem Hakenschenkel selbst« verknotet! Schiebt man den zugezogenen Knoten dann auf die Innenseite des Hakenschenkels und dicht bis an das Öhr heran, führt die Schnur immer gerade aus dem Knoten heraus und überträgt so den Anhieb wirkungsvoll und ohne Verzögerung!

78

Spinn- und Schleppangeln

**Köderbemalung, -auswahl und -trocknung –
Kleingeräte griffbereit –
Weitwurfprobleme – Gerätetransport**

Eigentlich ist die »Bemalung« unserer künstlichen Köder, vor allem die der Wobbler, recht dauerhaft. Mit den Jahren aber wird sie rissig, blättert ab und es entstehen dann farblose Löcher und Flecken in der Bemalungsschicht.

Jetzt und vor allem beim lebhafterem Bemalen bzw. der Bemalung neuer, selbst gebastelter Spinnköder und vor allem Wobbler wird eine Neubemalung fällig. Am besten verwendet man dazu, weil billig, leicht zu handhaben, schnell trocknend und schnell verwendbar, »wasserfeste Filzstifte«.

Man kauft sie in den wichtigsten Farben: dunkel- und mittel-braun, dunkel- und mittel-grün, gold, gelb, rot und deckweiß. Diese Farben kann man durch leichtes Übertupfen auch mischen und so die fängigsten Farbkombinationen selbst herstellen. Als sehr praktisch erweist sich bei all diesen Bemalungshandlungen eine spezielle Malhilfe, d.h. ein kleines Gerät, in das der zu bemalende Köder eingespannt wird, so daß beim Bemalen nicht die ganzen Unterlagen beschmiert werden. Der Köder trocknet so auch erheblich schneller, weil von allen Seiten Luft an ihn heran kann.

Mittels eines kleinen Hilfsgeräts lassen sich beim Bootsangeln, mühelos und praktisch, große Spinn- und Schleppköder zur schnellen und übersichtlichen Auswahl und Trocknung sowie auch die zum Spinn- und Schleppangeln nötigsten Kleingeräte an der Bootswand anbringen.

Besonders fängige Spinnköder sind, namentlich in ihren kleineren Größen, leider nicht immer so eigen-schwer, daß sie sich auch mühelos in größere Weiten auswerfen lassen. Um dies zu ändern und auch eigen-leichte Spinnköder mühelos besonders weit auswerfen zu können. bedient man sich eines kleinen Hilfsmittels, nämlich wasserlöslicher Folie, die es dem Angler möglich macht, dem eigen-leichten Köder ein kleines Zusatzgewicht (z.B. Steinchen) zuzupacken, das nach dem Auflösen der Folie nach unten auf den Grund des Gewässers absinkt und den Köder frei und aktionsbereit macht.

Übrigens sind mit eigen-leichten, kleineren Spinnködern auch ohne zusätzliche Hilfsmittel überdurchschnittliche Wurfweiten zu erreichen, wenn man die eigen-leichten Spinnköder vor dem Auswurf länger, also weiter von der schräg nach oben gerichteten Spinnrutenspitze herabhängen oder sie sich bis zur letzten Schwungbewegung auspendeln läßt!

Große Spinn- und Schleppköder können in einem speziellen Behälter leicht und verhängungssicher transportiert werden, wenn man dazu einen leicht herzustellenden Spezialbehälter bastelt, den man dann auch ziemlich umkippsicher auf den Bootsboden stellen kann.

Bei vielen Anglern hat es sich inzwischen eingebürgert, daß sie beim Angelplatzwechsel, bei der Hinfahrt zum Wasser und bei der Rückfahrt vom Wasser nach Hause ihr Spinngerät nicht eigens zusammenpacken, sondern die Angelrolle an der Gerte lassen, die Rute nur in der Mitte auseinanderziehen, den Spinnköder einfach in einem Schnurlaufring einhängen, bestenfalls noch die Schnur straffen und dann das ganze Gerät einfach nur hinten auf den Rücksitz ihres Autos werfen!

Daß sich dabei die Drillinge des Spinnköders oft tief in den zähen Stoff der Rücksitze eingraben, braucht wohl nicht weiter hervorgehoben zu werden, ganz abgesehen von dem nervenaufreibenden Hin- und Hermanipullieren, bis wir den Köder überhaupt erst einmal wieder freibekommen haben und der Gefahr, hierbei unsere Finger und auch das Polster der Rücksitze ziemlich zu verletzen.

Wirkungsvoll gebannt wird jedoch diese Verhängungsgefahr, wenn man sich zum gebrauchsbereiten Transport seines Spinngeräts eines kleinen Hilfsgerätes bedient, das leicht und billig sowie schnell selbst zu basteln und auch leicht am gebrauchsbereiten Gerät zu montieren ist.

Sonderköder und abgeänderte Köder bzw. Spinnsysteme

Bei Sonderködern und abgeänderten Ködern, namentlich ersteren, handelt es sich um Köder oder Teile davon, die uns zwar meist bekannt sind, die aber wegen fehlender Fangerfolge nur sehr selten benutzt werden. Durch Ergänzungen oder Korrekturen ändert sich das aber sehr schnell und diese Köder verhelfen uns dann zu dem vorher vergeblich erwarteten Fangerfolg. Sie lassen sich jetzt z.B. in unterschiedlichen Tiefen, Strömungen, Wasserfärbungen und Geschwindigkeiten offerieren und das sogar äußerst erfolgversprechend.

Oft sind die drei Ködergruppen käuflich nicht zu haben und müssen erst selbst gebastelt und geändert werden. Was dann zu tun und an ihnen zu ändern ist, ergibt sich meist aus der scharfen Beobachtung der Fischarten, die wir mit ihnen fangen möchten. Zuweilen werden dabei die ausgefallensten Ideen verwirklicht und der Erfolg ist oft wirklich verblüffend!

»Dickblechige« Köder haben zwar den Vorteil, daß sie sich aufgrund ihres ziemlich hohen Wurfgewichtes mühelos sehr weit werfen lassen, aber auch den großen Nachteil, daß sie sich bei weitem nicht so lebhaft »führen« lassen, wie »dünnblechige« Metall-Spinnköder! Und gerade letzteres Moment ist ja das, das uns den Erfolg sichert.

Und was die Wurfweite anbelangt, so können wir sie vergessen, denn die Fische stehen oft in viel größerer Nähe, als wir eigentlich annehmen! Werfen wir also unsere Spinnköder lieber nicht übermäßig und meist unnütz weit aus, sondern konzentrieren uns darauf, daß Spinnköder langsam und vor allem möglichst lebhaft und verstecksnah anzubieten sind. Dann werden unsere Erfolgskurven in der nächsten Zeit ganz gewaltig nach oben steigen!

Daß sich mit »Jigs« und »Streamern« oft große Fangerfolge, selbst auf größte Raubfische, erzielen lassen, hat sich schon herumgesprochen. Daß man dabei für den Fang größerer Raubfische auch meist größere als sonst übliche Streamer benötigt, versteht sich von selbst.

Nun, wenn es auch übergroße Jigs und Streamer meist nicht zu kaufen gibt, so können wir sie doch ohne größere Mühe selber basteln. Man braucht dazu keine größere Geschicklichkeit, das Material ist billig und die Arbeitszeit verhältnismäßig kurz.

Die Herstellung einer Mischung aus Jig und Streamer, und noch dazu eines schon längere Zeit erprobten Erfolgsköders, wird weiter unten ausführlich beschrieben.

Ebenso zu empfehlen ist die Selbstherstellung von verhängungsfreien Streamern für den Raubfischfang.

Aus welchen Kleingegenständen man sich fängige Wobbler selbst herstellen kann, hier z.B. aus Orchideen-Röhrchen, ist einfach erstaunlich und kaum für möglich zu halten! Diese Tips interessieren uns vor allem im Urlaub, wenn uns ein Großteil der Spinnköder schon abhandengekommen ist oder zuhause vergessen wurde. Gibt es dann kein Fachgeschäft in der Nähe, wo wir uns mit neuen Ködern eindecken können, dann müssen wir eben unsere Phantasie und Fingerfertigkeit »spazieren gehen lassen«.

Größere Weichplastik-Köder lassen sich mit Zusatz-Flügeln zu aktiveren Bewegungen stimulieren, und Köder-Kombinationen, wie z.B. »Twister« mit Spinnern, mehrere Twister miteinander oder Twisterverbindungen mit anderen, teils altbekannten Spinnködern, lassen diese zu völlig neuen Erfolgsködern werden!

Sehr interessant sind auch die abrutschsicheren Systeme für Fetzen-, Fensterleder-, Stoff- oder Fleischstreifen-Montagen. Ein Super-Köder läßt sich aus einem abgebrochenen Löffelstiel zaubern, der sich bei oftmaliger Bodenberührung dort nicht immer gleich festhängt. Dünnstblechspinner und -löffel aus Scheinwerferblech sind der große Renner bei der Dorsch-, Aal- und Plattfisch-Beangelung.

Ein kleines und dünneres Plastikröhrchen verhindert, daß sich beim Auswerfen von Spinnern diese überschlagen, erhöht ihren Anbißreiz und dient auch zugleich noch als Stahlvorfach-Ersatz für diese Köder.

Ein anmontierter roter Wollfaden erhöht den Anbißreiz bei der Beangelung von Barsch und Butt.

Als sehr praktisch erweist sich das Stahlvorfach mit Schiebe-Verschluß. Spinnköder mit Lockzusatz ergeben bessere Fangquoten, und die üblichen Stahlvorfächer lassen sich äußerst wirksam durch eine Stückchen geklöppelte Angelschnur oder sogenannte »Maurerschnur« aus dem Baumarkt ersetzen.

Trifft man am Gewässer ganz unvorhergesehen auf braunes Hochwasser, weil es irgendwo stromauf heftig geregnet hat, so ist die jetzt zu verwendende Erfolgsköderfarbe »schwarz«. Nur wird man Köder dieser Färbung nicht allzu viele bei sich haben. Kein Problem. Blitzschnell schwärzen lassen sich unsere üblichen Spinnköder auf verschiedene Art. Die Farbe ist dabei jederzeit und ohne größere Mühe wieder entfernbar.

Falls wir Spinnsysteme mit verschiebbaren Hakenmontagen versehen, können wir die Systeme unterschiedlich großen Köderlängen angleichen, wenn die sonst dafür üblichen Köderlängen gerade nicht verfügbar sind.

Köder retten

Dies ist ein sehr heikles Thema. Soll ein Spinnköder Erfolg bringen, so muß er in der Regel sehr boden- und hindernisnah angeboten werden. Dabei bleibt er natürlich auch dem erfahrensten Angler von Zeit zu Zeit am Boden hängen.

Müssen in Grundnähe oder auch über Wasser festgehakte Spinnköder aber jedesmal abgerissen werden, weil unsere Angelschnur sonst nicht mehr freizubekommen ist, kann das ganz schön ins Geld gehen! Denn künstliche Spinnköder sind ziemlich teuer heutzutage. Damit nun der Spinnangler die meisten seiner irgendwo an einem Hindernis festgehakten Köder wieder freibekommt, muß er unbedingt einige, am besten sogar eine ganze Anzahl von Tricks zum Hänger-Lösen beherrschen. In diesem Buch findet er gleich mehrere, weiter unten im Bildteil dieses Kapitels.

Da ist erst einmal der Hänger-Löse-Trick mit dem Weidenkranz. Er wird fast ausschließlich nur in Fließgewässern, nur gelegentlich auch in stehenden Gewässern, und dies bei starkem, ablandigem Wind, eingesetzt.

Hat sich unser Spinnköder unten am Boden des Gewässers festgehakt, und ist er durch normales Schütteln und Zupfen einfach nicht mehr freizubekommen, dann flechten wir uns aus 3–5, etwa 1 m langen, biegsamen Weiden- oder auch anderen Zweigen einen Kranz, dessen Innendurchmesser etwa 30–60 cm betragen soll. Er wird auf der Innenseite noch von kleinen Seitenzweigen und größeren Blättern befreit und dann von hinten her über Rolle und Rute, bis zu deren Spitze, geschoben.

Dann wird die Gerte steil nach oben angehoben und man läßt den Weidenkranz auf der straff gespannten Schnur möglichst in eine nähere und stärkere Strömung gleiten. Beim Nachlassen der Schnur treibt der Weidenkranz stromab, über die Hängestelle hinaus, und beginnt nun, bei ruckweisem Hochschnellenlassen und Wieder-Nachgeben der Rute, von stromabwärts her – also entgegen der vorherigen Einzugsrichtung der Angelhaken –, ruckweise ziehend auf diese einzuwirken. Er lockert sie so, zieht sie stromabwärts aus dem Hindernis heraus und befreit so unseren vielleicht recht teuren Köder.

Als nächsten Hänger-Löse-Trick haben wir den mit dem »dicken Knüppel«. Er ähnelt dem oben gerade zitierten Weidenkranz-Trick in seiner Arbeitsweise. Er wird hauptsächlich bei Hängern in größeren Weiten und ziemlich ruhigen sowie strömungslosen Gewässern verwendet.

Nach dem Verspüren dieses Hängers werfen wir den dicken Knüppel möglichst weit über die Hängestelle hinaus aufs Wasser, lassen ihn mit einem eventuell gerade wehenden Wind noch etwas weiter hinter die Hängestelle treiben und ruckeln und zuckeln dann mit unserer steil nach oben gehaltenen Rute solange, bis sich der Köder wieder löst, am »dicken Knüppel« verhängt und dann mit diesem wieder eingezogen werden kann.

Auch die »leere Bierflasche« ist ein gutes Mittel zum Hängerlösen. Sie kann am fließenden und auch am stehenden Gewässer eingesetzt werden und wirkt ähnlich wie die beiden weiter oben schon zitierten Hänger-Löse-Tricks. Sie wird ebenfalls über die Hängestelle hinweg und möglichst weit hinausgeworfen und dann ruckweise wieder eingeholt.

Ähnlich wirkt auch der »Stein an der Löseschnur«. Er läßt sich in sehr große Weiten werfen und treibt auch in starker Strömung nicht so schnell ab, kann also von seiner Einwurfstelle aus länger lösend auf den verhängten Köder einwirken.

Die nächsten beiden Hänger-Löse-Tricks befassen sich mehr mit der Boots- und Steiluferangelei. Da wäre einmal die »Kugel-Kette«, eine dickere Bleikugel, von der vier kurze Kettenenden nach unten hängen und die vor ihrem Kopfwirbel noch einen bis zu 4–8 cm langen Seitenarm mit großem Einhängewirbel an ihrer festen Halteschnur trägt. Sie kann möglichst nah an der straff nach unten ins Wasser führenden Angelschnur befestigt werden und verhängt sich so leichter in den Drillingen des festgehakten Spinnköders. Ruckartiges Nach-oben-Ziehen der Halteschnur oder kraftvolles Nach-unten-Sausenlassen der gewichtigen Lösevorrichtung helfen auch hier ziemlich schnell, den verhängten Köder wieder zu befreien und nach oben zu holen.

Ebenso wirkt auch das »Löse-Karussell«, ein ziemlich eigenschweres Lösegerät, das entweder bei der Bootsangelei oder beim Fischen vom Steilufer aus ziemlich steil nach unten gerichtet angewendet wird.

Raubfische »anfüttern«

Dieser Trick gehört ganz und gar nicht ins Reich der Fabel! Man kann durchaus auch Raubfische, gleich den Friedfischen, gewollt inKödernähe locken und dort sogar längere Zeit am Platz halten! Wir werfen hierzu nur an einigen weiter voneinander entfernten Plätzen, an raubfischgünstigen Aufenthaltsstellen, Anfütterungsklumpen für kleinere Friedfische aus. Werden diese dann öfter in die Nähe der Raubfischstellen gelockt, patrouillieren sie dort auf der Suche nach weiterer Anfütterungs-Nahrung immer wieder vorbei und locken so die Raubfische, auf die wir es später abgesehen haben, erst an die zitierten Stellen herbei! Es kann sich hierbei um Zander, Barsche, Hechte und auch Waller handeln.

Und wenn wir dann diese mit kleineren Friedfischen »verseuchten« Raubfischstandplätze mit unseren künstlichen Ködern abwerfen, werden wir erheblich öfter als sonst auch an einem Raubfisch »hängen bleiben«!

Anleitung zur Köderbemalung, -auswahl und -trocknung – zum Umgang mit den Kleingeräten – zum Lösen von Weitwurfproblemen – zum Gerätetransport am Wasser und nach Hause

Wird die ursprüngliche Bemalung unserer Spinnköder, namentlich die der Wobbler, im Laufe der Jahre rissig und blättert

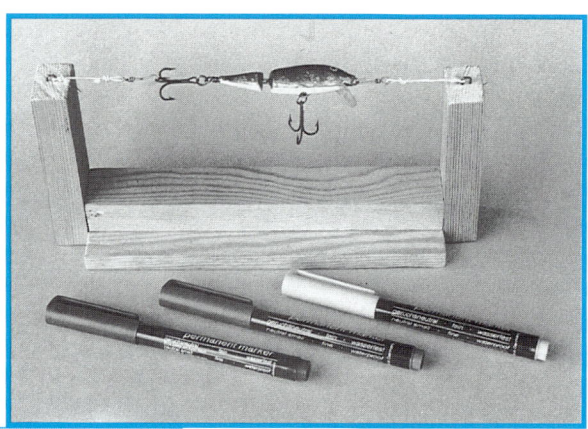

88

Praktische Malhilfe stellenweise ab, so ist es an der Zeit, ihre Farben wieder aufzufrischen.

Am besten verwendet man dazu, weil billig, leicht zu handhaben und bald wieder verwendbar, »wasserfeste« Filzschreiber.

Die von uns benötigten Farben sind dunkel- oder mittelgrün, dunkel- oder mittelbraun, goldfarben, gelb, rot und deckweiß. Diese Farben kann man durch leichtes Übertupfen auch mischen und so die fängigsten Farbkombinationen herstellen.

Um beim eigentlichen Bemalungsvorgang Finger und Unterlagen nicht allzusehr zu beschmutzen, stellen wir uns eine »Malhilfe«, d.h. ein Köder-Einspanngerät, her. Letzteres hält unseren Köder beim Bemalungsvorgang fest. Der Köder trocknet dabei auch viel schneller und läßt sich nach allen Seiten umdrehen.

Das Malhilfe-Gerät wird aus dickeren Holzleisten hergestellt: 1x 20x3x5 cm + 2x 3x5x10 cm + 1x 26x10x2 cm. Diese werden, wie aus dem nebenstehenden Bild ersichtlich, entsprechend zusammengeleimt oder -geschraubt. Oben in den beiden senkrecht stehenden Seitenleisten schrauben wir noch jeweils eine winzige Ringschraube ein, in der jeweils ein kurzer, runder Wäschegummi (Ø 2 mm) befestigt wird, der an seinem anderen Ende einen kleinen Drahthaken (Büroklammer) trägt. Zwischen diesen beiden federnden Armen wird dann später der zu bearbeitende Köder eingespannt. Das Ganze stellt man auf einer alten Zeitung auf den Tisch.

Zur Auswahl und verletzungssicheren Unterbringung größerer Spinn- und Schleppköder an der Innenseite der Bootswand kann man sehr gut dickere Tesa-Moll-Schaumgummiklebestreifen verwenden.
Sie werden, wie ersichtlich, seitlich an die Innenseite der Bootswand geklebt. Die Köder werden dann, nach unten hängend, mit

89

ihren Schwanz-Drillingen in die Schaumgummimasse leicht eingehakt, fliegen nicht über Bord, wenn man dagegen stößt und sind doch jederzeit schnell zur Hand.

Auswahl und Trocknung großer Schleppköder

87

Statt der Schaumgummi-Klebestreifen lassen sich auch sehr gut, allerdings ohne eigene Klebefläche, Streifen aus Teppichboden benutzen. Sie befestigt man dann mit einigen großen Reißnägeln

an der Bootswand, oder, wenn sie auch längere Zeit an der Bootswand bleiben dürfen, mit dem doppelseitig klebenden Klebeband, mit dem Teppichboden am Fußboden festgeklebt wird.

90

Auf die gleiche Weise, wie eben oben geschildert, lassen sich auch die zum Spinn- und Schleppangeln notwendigen

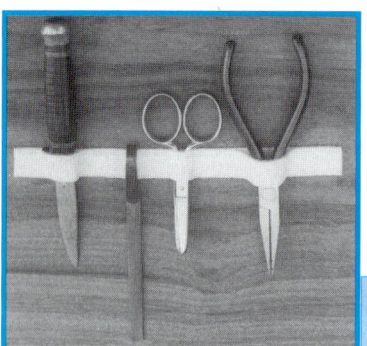

Kleingeräte innen an der Bootswand anbringen. Sie hängen dort übersichtlich und griffbereit, verhängen sich nicht im Netz eines am Boden liegenden Keschers und sind schnell zur Hand, wenn man sie braucht.

91

Werkzeug griffbereit an der Bootswand

Besonders fängige Spinnköder sind, namentlich in ihren kleineren Größen, leider nicht immer so eigenschwer, daß sie mühelos in größere Weiten ausgeschleudert werden können. Um dies zu ändern und auch besonders »eigenleichte« Spinnköder-

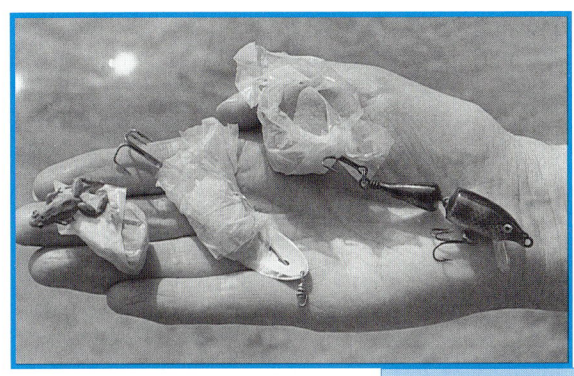

92

chen weit auswerfen zu können, bedient man sich eines kleinen Hilfsmittels, nämlich wasserlöslicher Folie.

Weitwürfe mit wasserlöslicher Folie

Sie wird in kleinen Stückchen, die wir vorher vom Hauptvorrat abgerissen oder abgeschnitten haben, verwendet. Als Zusatzgewicht für den Weitwurf des eigenleichten Köders wird einfach ein kleiner Stein in die Folie eingepackt und diese dann mit ihren Enden am Enddrilling des kleinen Köders festgehakt.

Das Zusatzgewicht macht aus dem vorher eigenleichten Spinnköder einen eigenschwereren und läßt ihn nun ohne größere Wurfanstrengungen in die Weite gleiten. Im Wasser löst sich dann die Folie bis auf den letzten Rest auf, das Steinchen sinkt nach unten auf den Gewässerboden ab und unser Köder kann nun ohne Zusatzgewicht fängig geführt werden.

Auf dem Bild oben sind die Spinnköder schon mit Foliengewichten versehen worden und wurfbereit.

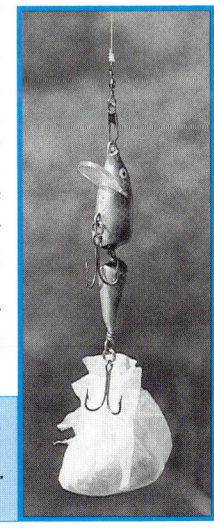

Hier, kurz vor dem Wurf, sieht man, wie der gewichts-gefüllte Folienbeutel vom Enddrilling des kleinen Spinnköders herabhängt. Alles ist wurfbereit.

93

89

»Eigenleichte« Köder vor dem Auswerfen länger bzw. weiter von der Rutenspitze herabhängen lassen.

94

Übrigens sind mit eigenleichten, kleinen Spinnködern auch ohne Zusatzgewichte überdurchschnittliche Wurfweiten zu erreichen, wenn man die Spinnköderchen nicht nur normal lang, sondern vor dem Auswerfen länger bzw. weiter von der steil schräg nach oben gerichteten Rutenspitze herabhängen läßt!

Spinnköder von der Rutenspitze länger herabhängen lassen

95

90

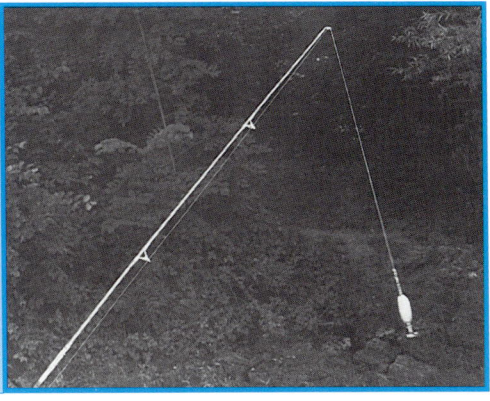

»Eigenleichte« Köder vor dem Ausschwingen zum Weitwurf erst einmal ruhig auspendeln lassen

96

Ein eigenleichter Spinnköder kann nur dann optimal weit ausgeworfen werden, wenn er vor dem eigentlichen Ausschwingen nicht noch wild hin und her (auf dem Bild oben gerade nach hinten) pendelt, sondern gerade und bewegungslos nach unten hängt, also absolut ausgependelt ist! Nur dann kann sich die für den Weitwurf erforderliche erhöhte Schwungkraft voll auf den herabhängenden Köder übertragen!

97

91

Große Spinn- und Schleppköder können in einem kleinen Spezialbehälter so verhängungssicher transportiert werden, daß sie sich gegenseitig nicht verhängen können, man sie stets schnell auswählen und aus ihrem Behälter herausziehen kann,

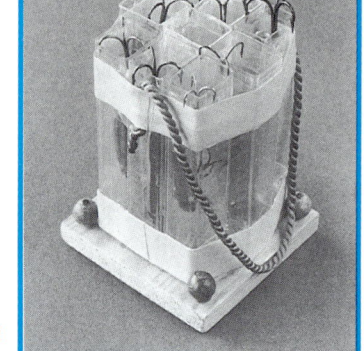

ohne daß sich man sich dabei verletzt.

Zum Basteln dieses Spezialbehälters verwenden wir ein kleines festes Holzbrettchen, etwa 12 x 12 x 1 cm groß. Zur Aufbewahrung der einzelnen Großköder dienen entweder alte Plastikbehälter, in denen Zahnbürsten verkauft werden oder kleine PVC-Röhrchen mit einem Durchmesser von etwa 3–4 cm und einer Länge von etwa 12–16 cm.

98

Diese Behälter, entweder 9 oder 12 an der Zahl, werden

Schlepp-Großköder verhängungssicher transportieren

auf ihrer Unterseite bündig abschließend, ganz fest zusammengehalten und mit Tesa-Gewebeklebeband in mehreren Lagen fest umklebt. Oben verfahren wir genauso. Nun werden die Röhrchen auf ihrer Unterseite dick mit Zwei-Komponenten-Kleber bestrichen und dann, wie ersichtlich, in der Mitte des quadratischen Brettchens auf dieses aufgeklebt (2 Tage trocknen lassen!).

Auf den vier Ecken des Brettchens bringen wir mittels dünner Holz-Schräubchen oder Nägel noch vier mittlere Loch-Bleikugeln an. Sie verhindern, daß der Behälter in einem schwankenden Boot umkippen kann. Eine oben angebrachte Schnurschlinge erleichtert das Tragen des Behälters.

Will man sein voll montiertes Spinngerät beim Angelplatzwechseln, bei der Hinfahrt zum und der Rückfahrt vom Wasser nach Hause nicht immer eigens zusammenpacken, sondern nur locker zusammengelegt, mit anmontiertem Köder, auf dem

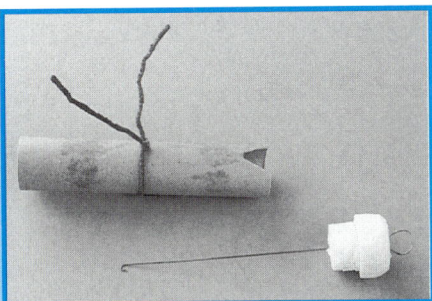

Spinnköder-Schutzrohr für den Transport des voll montierten Spinngeräts im Auto

99

Rücksitz seines Autos transportieren, ohne daß sich dabei fortwährend die Haken des Köders tief in den zähen Stoff des Rücksitzpolsters eingraben und dieses beim nervenaufreibenden Herauslösen erheblich beschädigen, dann müssen wir uns ein eigenes Schutzrohr für unsere Köder basteln! Dies verhindert die eben gerade beschriebenen Malheure.

Hauptbestandteil der Schutzvorrichtung ist die kleine, steife und feste, aus dicker Pappe gefertigte, etwa 30 cm lange und 3–4 cm dicke Papprolle, auf der entweder saugfähiges Küchenpapier, Zellophan oder Alu-Folie aufgewickelt sind.

Man schneidet die Länge der Röhre etwa 5–6 cm länger als unseren längsten Blinker oder Wobbler zurecht. In der Mitte des Rohres drehen wir noch zwei fest miteinander verdrehte Pfeifenreiniger-Stäbchen fest, mit denen später das Rohr an den zusammengelegten Rutenteilen festgedreht wird. In das eine Rohrende schneiden wir noch eine keilförmige Vertiefung hinein.

Dann wird aus dickerem Stahldraht noch der Köder-Einziehhaken mit Öse zurechtgebogen, durch den Styropor-Abschlußpfropfen geschoben und dort festgeklebt.

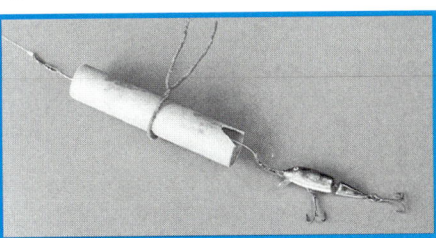

Der Köder, hier ein Wobbler, muß sich leicht durch die Röhre hindurchmanipulieren lassen. Der Keil-Einschnitt ist zum Rutengriff gerichtet.

100

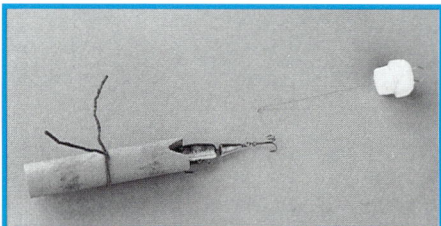

Rutscht der Köder nicht so einfach durch die Röhre, muß man ihn eben mit Hilfe des vorher zurechtgebogenen Drahthakens hindurchziehen.

101

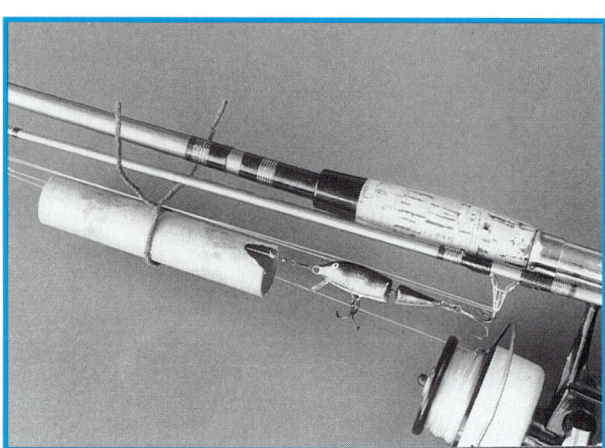

102

Dann wird die Spinnrute in ihrer Mitte auseinandergedreht, mit dem dünnen Spitzenteil durch den großen Schnurführungsring geschoben und mit dem dickeren, unteren Spitzenteil neben das Griffende der Gerte gelegt und dann dort mit einem zusammengeknoteten Wäschegummiring zusammengeheftet.

Den Köder manipulieren wir oder ziehen ihn mit dem Drahthaken durch das Rohr und hängen dann den Schwanz-Drilling in den der Rolle nächsten Schnurlaufring ein. Dann wird, bei eingeschalteter Schnurlaufsperre, die restliche Schnur gestrafft und das Schutzrohr mit dem Keil so weit über den Köder nach hinten geschoben, bis dessen Haken im Keil verschwinden. Anschließend werden noch die beiden Pfeifenreiniger-Stäbchen-Enden um die lockeren Rutenteile herum- und festgedreht.

94

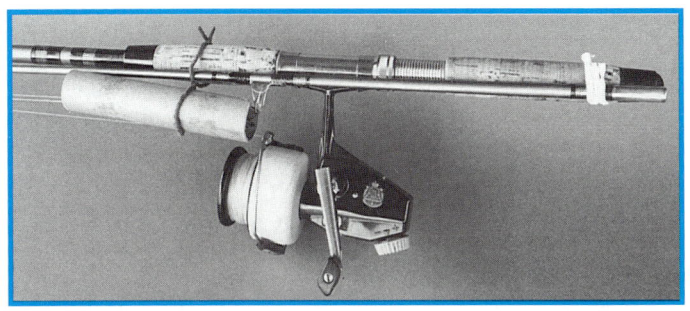

103

Und so sieht das fertig montierte Schutzrohr, mit dem im Rohr eingezogenen Köder, das an den zusammengelegten und mit einer Gummischlinge verbundenen Rutenteilen anmontiert wurde, aus. So kann sich der Köder mit seinem lockeren Haken nicht mehr im Rücksitz-Polster verhängen!

Anleitung zum Bau der Sonderköder und der abgeänderten Köder bzw. Spinnsysteme

Zwar lassen sich »dickblechige« Köder (hier links auf dem Foto) weiter werfen und in tiefen und stark durchströmten Gewässern grundnaher führen. Aber das ist unwichtig. Einzig und allein kommt es darauf an, daß man »dünnblechige« Köder (hier rechts auf dem Foto) im Wasser erheblich lebhafter »spielen«

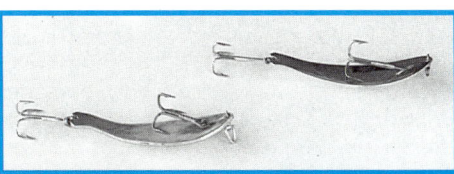

104

Dünnblechig sollten Blinker und Löffel sein

und »kraftlos nach unten abtaumeln« lassen, sie also den Raubfischen erheblich verlockender als die dickblechigen anbieten kann! Nur die dünnblechigen bringen den großen Erfolg! Auch dann noch, wenn alle anderen Köder schon versagt haben und dies besonders zu Flautezeiten, wenn die Fische ohnehin schon beiß-faul und lethargisch in ihrem Versteck stehen.

95

Daß mit Riesen-Jigs bzw. -Streamern schon so mancher große Raubfisch, vor allem Hechte und Zander, gefangen wurden, ist nicht mehr unbekannt. Gerade zu fangungünstigen

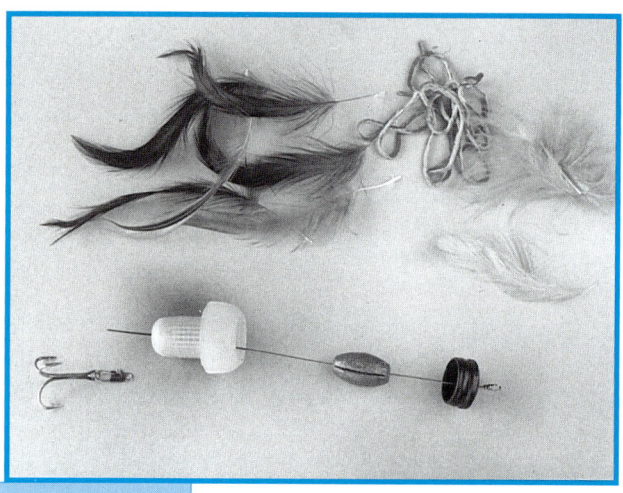

105

Riesen-Jig bzw. Streamer für große Raubfische

Zeiten kann man mit diesen Ködern ziemliche Erfolge erzielen!

Käuflich ist dieser Köder nicht zu haben. Man muß ihn sich schon selber basteln. Was zum Eigenbau alles notwendig ist, ist nebenstehendem Bild zu entnehmen. Da wäre einmal die alles verbindende und vereinende Drahtstange aus Stahldraht, rechts mit einer Öse versehen. Auf ihr befindet sich auch der Abschlußpfropfen des leer gemachten Sektkorkens. Dazwischen sehen wir eine längliche Blei-Olive, die später in den Sektkorken hineingeschoben wird.

In der Mitte unten, d.h. hier links auf dem Foto, wurde mit einer dickeren Nadel auch noch ein kleines Loch gebohrt, durch das die Drahtstange geschoben wird und daran dann der Patent-Einhänger eines Einhängewirbels oder gar ein solcher selbst, in den dann ein Drilling der entsprechenden Größe eingeklinkt wird. Darüber sind unterschiedliche Halskrausenfedern des Haushahnes sowie Chenille-Faden zu sehen.

96

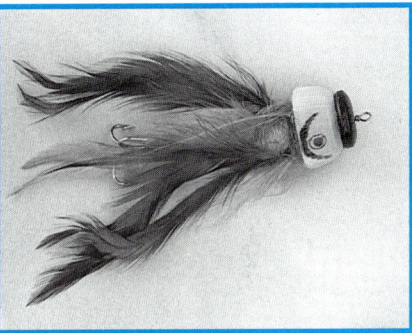

Die Halskrausenfedern des Haushahns werden dann rund um den Hals des Sektkorkens herum festgebunden. Der Korken bekommt seitlich noch Augen und Kiemenbögen aufgemalt. Der vordere Abschlußdeckel des Sektkorkens wird rot angepinselt.

106

Angeboten und geführt wird dieser Köder mit dem leichteren bis mittelschweren Spinngerät. Nach dem Auswerfen läßt man ihn bis in Bodennähe absinken und merklich auf diesen aufschlagen. Dann wird er in ruckweisen Bogensprüngen langsam wieder eingeholt. In schärferen Strömungen kann man ihn auch spielen, d.h. seitlich hin- und herschießen lassen.

Warum? Ganz einfach, weil seine »Hakenspitze immer nach oben« gerichtet ist und sich daher nicht in Bodenhindernissen verhängen kann!
Wie aus der nebenstehenden Abbildung zu ersehen ist, werden am Rücken des Hakenschenkels, der später nach unten zu liegen

107

kommt, mehrere kleine, tief eingekerbte Lochbleikugeln mit weichem Blumendraht angeheftet. Sie verlagern das Hauptgewicht des Streamers genau auf seine Rückenseite und

Spinnruten-Streamer verhängt sich nicht

97

lassen so die »Hakenspitze immer nach oben« schauen, also dorthin, wohin keine Bodenhindernisse mehr hinaufragen.

Über diese Bleikette wird dann das eigentliche Streamer-Kleid gebunden. Vorher werden aber noch die kleinen Zwischenräume zwischen den Bleischroten mit klebrig gemachtem Wollfaden locker ausgefüllt. Die Bleikette hält so auch besser am Hakenschenkel. Der Hakenschenkel, kurz vor dem Hakenbogen bis zum Hakenöhr, wird nun mit einer gelben oder roten Chenille-Wicklung versehen, über die dann, vom Hakenöhr her, eine größere, weiche, graugesprenkelte Halskrausenfeder eines Haushahns gewunden wird. Vorne mit einer Halskrause, dann eng am Körper entlang und hinten in ein kleines Schwänzchen auslaufend.

Geführt wird dieser Spinnruten-Streamer langsam, bodennah und in kleineren Bogensprüngen.

Aus schon gebrauchten Orchideenröhrchen, die man für wenige Groschen beim nächsten Blumenhändler bekommt, lassen sich schnell und mit wenig Aufwand hervorragende Wob-

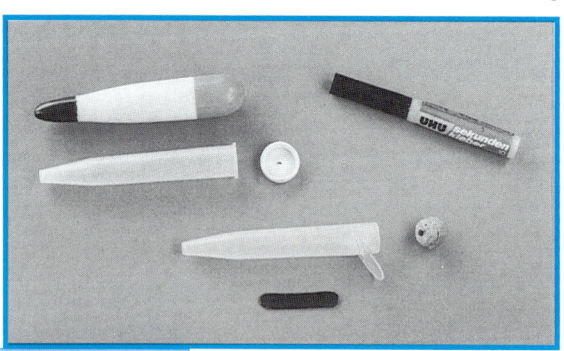

108

Orchideenröhrchen-Wobbler – überaus fangfähig

bler basteln, ebenso wie aus alten ausgedienten, großen Plastikposen.

Man schneidet dazu von den Orchideen-Röhrchen erst einmal den umgebördelten Rand am offenen Ende weg und bastelt sich für diese Stelle einen durchlöcherten Korken. In das geschlossene Ende des Röhrchens drücken wir mit einer dickeren Nadel noch ein kleines Loch.

Dann wird das Kopfende des Röhrchens noch schräg eingesägt und hier eine Tauchschaufel aus dickerem Plastik eingepaßt und eingeklebt. Unten, in der Mitte des Körpers, kleben wir mit Plastik-Kleber noch eine kleine, längliche, flache Bleilasche fest. Sie sorgt dafür, daß der Wobbler immer aufrecht schwimmt.

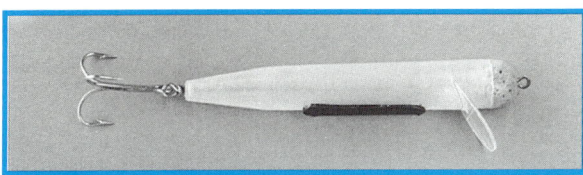

109

So sieht dann der fertige Wobbler aus. Um auch fischähnlich zu wirken, wird er noch mit den verschiedensten »wasserfesten« Filzschreibern fischähnlich überstrichelt bzw. übermalt.

Es kann sich hierbei und wird sich auch meist um »größere Weichplastikköder« handeln, die vorn, vor dem Kopfende, mit Drehflügeln ausgestattet wurden.
Diese Drehschaufeln sind leicht aus dünnem Kupfer- oder Messingblech herzustellen. Die seitlich sitzenden kleinen Flügelenden

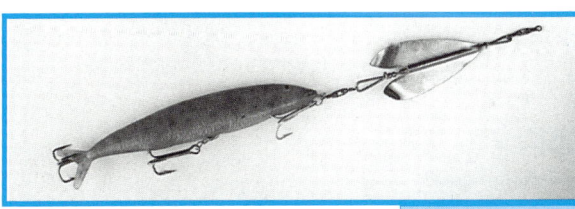

110

werden gegenseitig etwas um- und aufgebo- *Flügel-Köder*
gen. Die mittlere Längsachse des Flügelkör-
pers wird mit mehreren kleinen und kurzen Quer-Einschnitten versehen, durch die dann der dickere Weichdraht geführt wird, an dem vorn ein Wirbel und hinten ein Einhänger anmontiert bzw. angebogen wurde.
Der Flügel-Körper kann Spinnsystemen, toten, echten oder Plastikköderfischen und vielen anderen Ködern vorgeschaltet wer-

99

den. Er bewegt sich in langsamen Rotationen, sowohl beim Vorwärtsziehen, als auch beim kraftlosen nach hinten gerichteten Abtaumelnlassen. Die Beißerfolge steigen deutlich an.

Twister-Spinner sind Mischlingsköder aus je einem vollkommen normalen Spinnköder und einem an einem kurzen even-

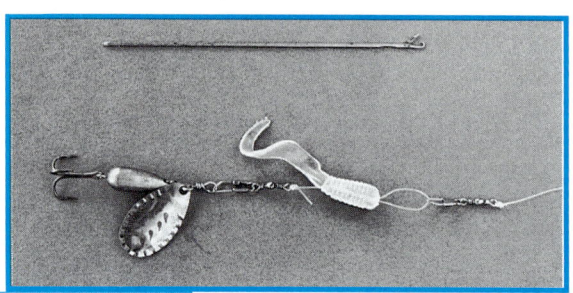

111

Twister-Spinner

tuell auch einem Stahlvorfach vorgeschalteten Twister. Letzterer dient dazu, den sonst vielleicht nicht so beachteten Spinner durch ein Schwanz-Schlenkerspiel wieder etwas attraktiver zu machen. Er wird mit dem nachfolgenden Köder meist mittels eines kleinen Einhängewirbels verbunden. Der Köder ist fängig auf alle Arten von Raubfischen der mittleren Gewichtsklasse und verhilft oft noch zum Erfolg, wenn man schon gar nicht mehr damit gerechnet hatte!

Er wirkt durch die doppelte Schlenkerarbeit von zwei schräg übereinander zusammenmontierten, möglichst unterschiedlich gefärbten Twistern.

112

Der Doppel-Twister

Bei der Ködermontage schieben wir den kleineren Twister zuerst auf den Twisterhaken, und zwar etwas steiler nach oben gerichtet, und erst dann den größeren

100

Twister als zweiten, in normaler Lage, dahinter. Am besten in bodennahen Bogensprüngen geführt, kann dieser Doppelköder auf alle Arten von mittelgroßen bis größeren Raubfischen, auch auf größere Hechte und Huchen, angeboten werden.

Man sollte den Fisch allerdings nach verspürtem Anbiß nicht erst lange auf den Plastikködern herumkauen lassen, wie man das manchmal bei angebotenen künstlichen Würmern tut, sondern den Anhieb gleich und markant setzen, denn schließlich wirkt die Anhiebskraft bei Twisterhaken ja nicht direkt gerade auf die Hakenspitze ein, sondern über eine gewisse Verwinkelung.

Mag diese Watt- oder Tauwurm-Montage mit einer einem Öhrhaken vorgeschalteten kurzen Drahtstange mit zwei kurzen Draht-Abwinkelungen auch manchem »Tierschützer« nicht

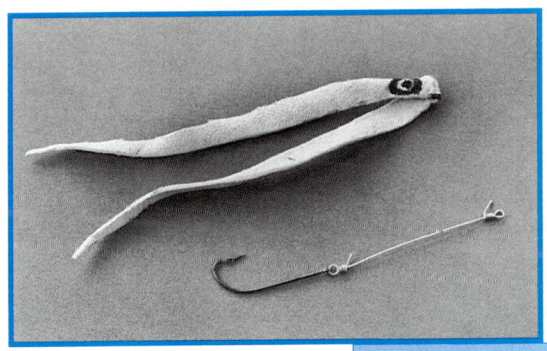

113

ganz behagen, so wird sie in diesem und in ähnlichen Fällen ja auch immer nur für die Verwendung von Ködern »aus toter Materie« empfohlen!

Fensterlederfetzen auf Wattwurm-Haken

Haben wir also an dem langschenkligen Öhrhaken diese kurze Drahtstange mit den zwei Abwinkelungen angebracht, brauchen wir die Fensterlederfetzen-Montage nur von oben her über die Hakenspitze oder die Drahtöse, an vorher mit einem scharfen Taschenmesser ins Leder eingestochenen winzigen Schlitzen vorzunehmen.

Führung: Bodennahe Langsam-Führung, in Bogensprüngen.

Wenn auf die üblichen Spinnköder jeglicher Art einmal kein einziger Fisch beißen will, dann bewirkt es oft Wunder, wenn man die Haken der Spinnköder oder zumindest einen von ihnen

114

mit einem kleinen Bündel von Spanngummis garniert! Wir knoten dazu die kleinen Gummiringe, sie sind in den verschiedensten Farben zu haben, einfach mit ihrem einen Ende im Springring des jeweiligen Drillings fest und zerschneiden dann die anderen Gummringenden. Eventuell binden wir auch mehrere Gummiringe vorher am Hakenschenkel eines Drillings fest.

Mit Gummiringschwänzchen werden Spinnköder wieder fängiger

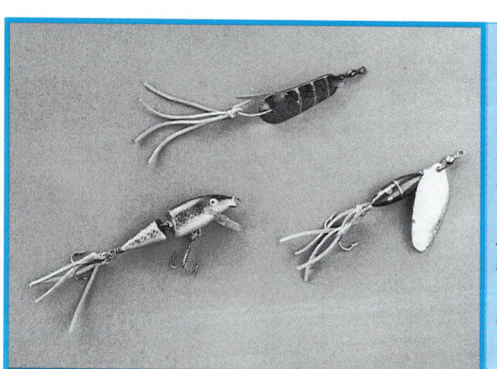

115

Mit diesen sich lebhaft im Wasser bewegenden kleinen Gummi-Schwänzchen wirken die Köder, auf die übliche Art geführt, erheblich lebhafter und verführerischer als ohne diese kleinen »Würmchen«!

Auch letztere, weich hin- und herschwabbelnden Plastik-Schwänzchen heben, bei ansonsten vorherrschender Beißunlust, ganz entschieden die Fängigkeit eines Spinnköders!

Man verwendet die Twister-Schwänzchen dazu ohne ihren typischen Jig-Haken und spießt einfach nur eines der Schwänzchen, mit dem dickeren Ende zuerst, auf die Hakenspitze eines sonst üblichen Spinnköders. Unsere Köder bringen uns dann erheblich mehr Anhiebe als sonst!

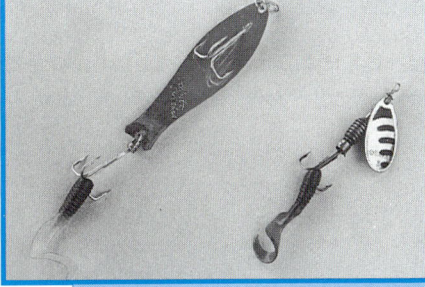

116

Spinnköder mit Twisterschwänzchen

Haben wir das kleine, ein Abrutschen des zu montierenden Köders nach unten verhindernde »Halte-Häkchen« in den Angelschnurknoten mit hineingebunden, so bildet es sich ganz einfach dann, wenn das überstehende, eigentlich eng abzuschneidende Vorfach- oder Angelschnurmaterial etwa 1 cm länger als sonst üblich wegstehen läßt, ehe man es abschneidet.

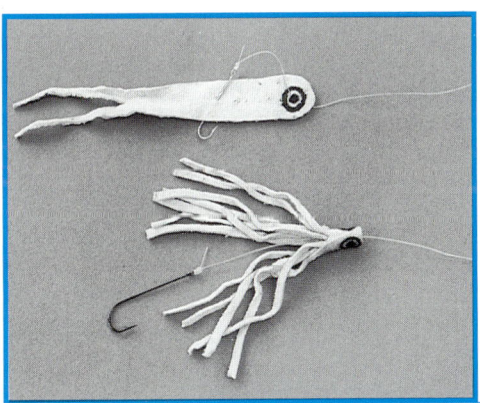

117

Dieses Häkchen hat eine enorme Haltekraft und hält u.a. auch, wie hier auf dem Foto zu sehen ist, einen Fensterlederfetzen oder ein Fensterleder-Streifenröckchen.

Abrutschsichere Fetzen-, Fensterleder-, Stoff- oder Fischfleischstreifen-Montage

Führung: Langsam, bodennah und in senkrechten Bogensprüngen.

103

Aus ihm läßt sich mit wenigen Handgriffen noch ein hervorragender Langlöffel oder Pilker zurechtformen. Und das, weil so lang und schmal, sogar für allerschnellste Strömungen! Der

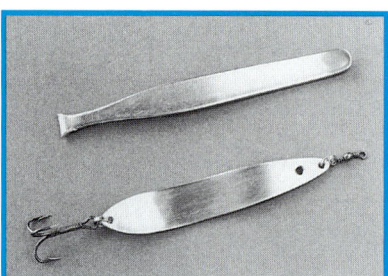

Schmalteil kommt nach oben und wird entsprechend zurechtgefeilt.

Dann wird vorn an der Spitze ein Loch durchgebohrt und ein kleiner Springring und in diesen ein winziger Wirbel montiert. Hinten wird die entsprechende Rundung zugefeilt, ebenfalls ein Loch gebohrt, ein Springring und schließlich noch ein Drilling montiert.

118

...nicht einmal einen abgebrochenen Löffelstiel wegwerfen

Führung: Langsam, bodennah und oft »kraftlos nach unten abtaumeln« lassen.

Eine reine Katastrophe sind Kurz-Wobbler, die einen nach unten hängenden Haken tragen. Alle paar Augenblicke hängt sich dieser an Bodenhindernissen, feinem Geäst oder Pflanzen-

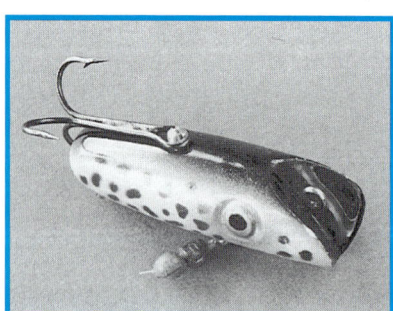

zeug fest. Das kann man jedoch sofort abstellen, wenn man, wie hier ersichtlich, den Drilling einfach auf den Rücken des Wobblers montiert und unten in der ursprünglichen Hakenmontage ein kurzes Stück Monofilschnur mit zwei daran angeklemmten Bleischroten für den aufrechten Lauf des Köders anbringt.

119

Wobbler hängt sich bei Bodenberührung nicht mehr fest

Der Köder hängt sich dann auch in flachen Gewässern kaum mehr fest und bleibt bis zum letzten Moment fängig.

Mit »kosmetischem Glitzer-Bezug« kann man auf jeglichen künstlichen Ködern eine fangfördernde »Schuppenwirkung « erzeugen, hier z.B. auf der oberen Langlöffelhälfte. Es gibt drei Arten von Glitzer-Belag, entweder den schon die Glitzerteilchen enthaltenden »Glitzerlack«, oder »Glimmer« zum Streuen, der vorher erst mit farblosem Lack zusammengemischt wird, bzw. »Glimmer in wasserlöslichem Gelee«, den man nach dem Trocknen noch mit farblosem Lack überziehen muß.

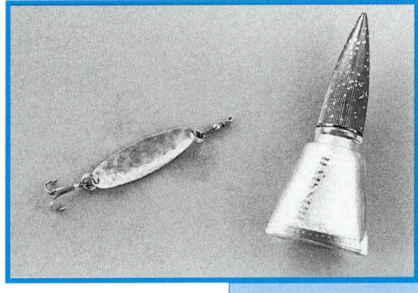

120

»Glitzer-Köder«

Das Material ist meist hochglanzverchromt und äußerst dünnblechig, sowie leicht. Man formt die entsprechenden Köder daraus. Da sie so extrem leicht sind, flattern sie schon bei der

121

geringsten Bewegung und langsamstem Tempo, können mit vorzuschaltenden Gewichten sogar einige Meter weit geworfen oder aber

Dünnst-Köder aus Scheinwerferblech

auch beim Schleppen einfach nur nachgezogen werden. Sie arbeiten äußerst verführerisch und können sogar noch mit Naturködern, wie z.B. Fischfleischstreifen oder Würmern garniert werden!

105

Neigt ein Spinner dazu, sich beim Wurf oder Eintauchen ins Wasser des öfteren zu »überschlagen«, kann das sehr lästig werden. Sofort abgestellt wird dieses Manko jedoch, wenn wir

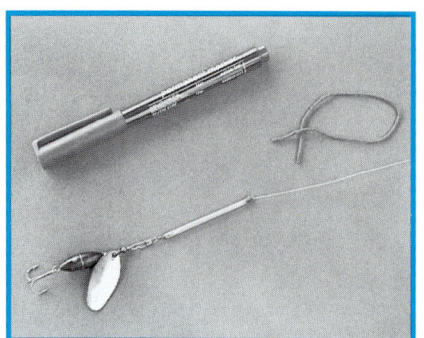

dem Spinner auf der Angelschnur, vor dem Einhängewirbel ein kleines steifes Plastikröhrchen (Ohrreinigerstäbchen) vorsetzen und diesem wiederum ein vorgesetztes Bleischrot oder einen kleinen »Stopper« auf der Schnur fixieren. Zum Erhöhen des Anbißreizes auf die Fische können wir das Röhrchen dann auch mir wasserfesten Filzschreiberstiften reizerhöhende Muster aufmalen. Greift ein allzu großer Hecht zu, ersetzt das Plastikröhrchen auch noch ein fehlendes Stahlvorfach und verhindert so, daß der Hecht beim Drill die Schnur durchbeißt.

122

Plastik-Röhrchen mit Dreifach-Wirkung

Befischt man Barsch und Zander vom Boot oder Steilufer aus mit Kleinstpilkern oder dünnblechigen Langlöffelchen, kann eine momentane Beißflaute schnell überbrückt werden, wenn man etwa 10 cm vor dem Köder einen roten Wollfaden an der Schnur verknotet! Die Enden läßt man 2–3 cm lang hängen. Sie flattern im Wasser verführerisch um den Köder herum und steigern damit seinen Anbißreiz auf die Fische.

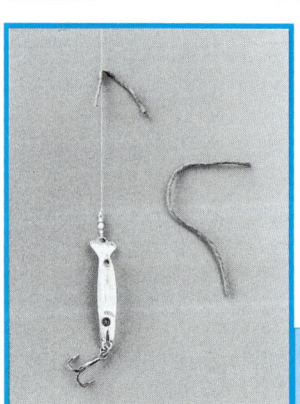

Roter Wollfaden erhöht Anbißreiz

123

Dieser Trick basiert auf der Neugier der Barsche und ihrem Konkurrenzneid, sich ja von keinem Artgenossen einen Nahrungsbrocken wegschnappen zu lassen. Der kleine Einhängewir-

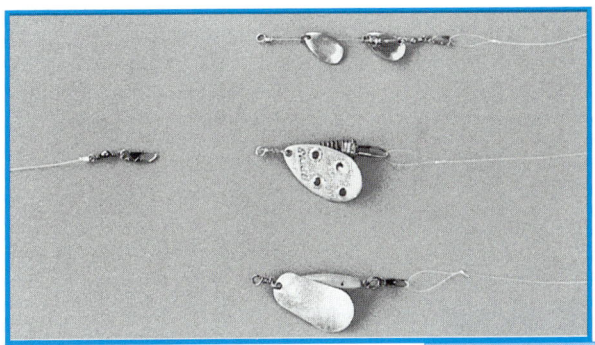

124

bel am Ende der Angelschnur (links) bleibt, wo er ist. In ihn wird zur reinen Lockarbeit ein hakenloser alter Spinnköder eingeklinkt, und in

Auf Barsche mit der Buttmontage

diesem, am Köderende ein weiterer kleiner Einhängewirbel angebracht. Daran können dann die Vorfächer, jedes etwa 30 cm lang, mit einem Einfachhaken Gr. 5–7, an dem dann der eigentliche Köder, wie z.B. ein Tauwurm, Wurmbündel, Wattwurm oder Fischfleischstreifchen montiert wird, eingehängt werden.
Langsam vorwärtsbewegt, arbeitet der Lockköder am besten und lockt die Fische auch aus größeren Entfernungen an, während sie dann erst auf den eigentlichen Köder aufmerksam gemacht werden, um sich diesen dann zu schnappen.

Besonders stabile, beiß- und reißfeste Stahlvorfächer kann man sich bei Bedarf blitzschnell selbst herstellen, wenn man

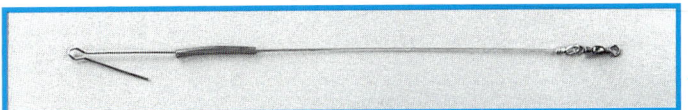

125

Stahlvorfach mit Schiebeverschluß

107

Stahldraht eines Durchmessers von 0,8 mm in etwa 15 cm lange Stücke zerschneidet, dann ein Stahldrahtende mit einem einfachen Wirbel versieht und auf das andere Ende ein etwa 1,2–2 cm langes Stückchen Hartplastikrohr (Ohrreinigerstäbchen) oder noch besser ein Stückchen einer leeren Kugelschreibermine schiebt. Dann biegen wir das Drahtende (links) zu dem auf dem Foto auf Seite 108 ersichtlichen offenen Ösenhaken um.

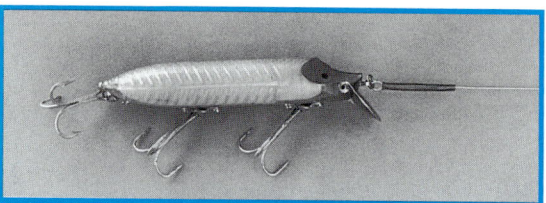

126

Der Köder, hier ein Wobbler, wird jetzt nur noch eingehängt und dann das Rohrstückchen über den zusammengedrückten Ösen-Haken geschoben. Fertig. Und diese Verbindung hält dazu noch bombenfest!

Daß man »Spinnern« mit ihrer ewigen Dauerrotation eine ausgesprochene »Fernwirkung« zuspricht, ist allen bekannt.

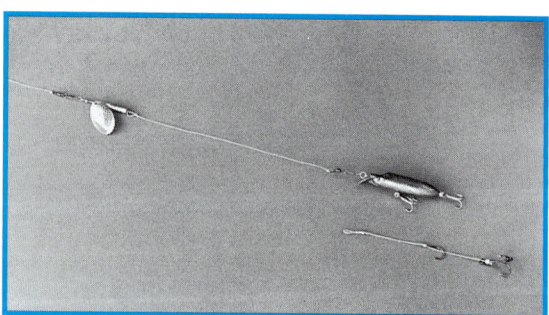

127

Spinnköder mit vorge-setztem Fern-Lock-Zusatz

Wie wäre es, wenn wir diese »Fernwirkung« uns auch zunutze machen, wenn wir mit anderen Ködern als reinen

108

»Spinnern« arbeiten? Namentlich bei stark angetrübtem Wasser? Nun, das ist durchaus möglich.

Wir entfernen dazu nur den Haken von einem »Spinner«, klinken diesen mit seinem Vorderende in den Einhängewirbel der Hauptschnur ein und befestigen nun ein etwa 25 cm langes kunststoffüberzogenes Stahlvorfach mit seinem Hinterende am eigentlichen Spinnköderkörper. In das hintere Stahlvorfachende können wir dann, je nach Bedarf, immer unseren eigentlichen Köder, hier, oben einen Wobbler, oder unten, ein Köderfischsystem einklinken. Der Spinner macht beim Schnureinholen den Radau und lockt die Fische aus größeren Entfernungen erst herbei, während die eigentlichen Köder erst jetzt von den Fischen wahrgenommen und als solche verschlungen werden.

Stahlvorfächer haben und hatten schon immer den großen Nachteil, daß sie sich, auf starken Zug hin, oder beim Transport verdrallen bzw. daß sie knicken und dadurch unbrauchbar werden. Außerdem sind sie fast immer ziemlich steif.

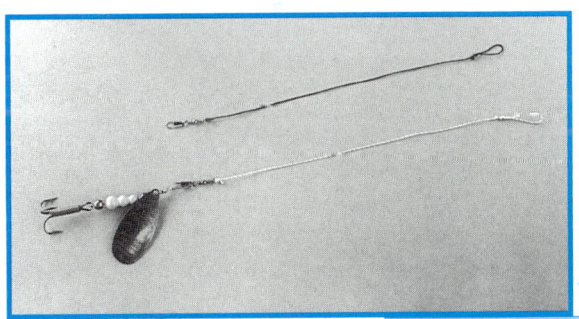

128

Ein blendender Ersatz für Stahlvorfächer und auch erheblich billiger als solche sind entwe-

Stahlvorfach-Ersatz

der Vorfächer aus einem Stück »geklöppelter Angelschnur« oder sogenannter »Maurerschnur«, die man billig auf dem Baumarkt bekommt.

Diese Ersatz-Stahlvorfächer werden genauso lang wie die ursprünglichen zugeschnitten, tragen auf der einen Seite eine kleine Einhängeschlinge und auf der anderen einen Einhängewirbel.

Diese Vorfächer lassen sich von den vielen Zähnen eines Hechtes nicht aufrauhen, abbeißen oder zerreißen, sind weich und schmiegsam und lassen sich, ohne dabei zu knicken, zum Transport eng zusammenringeln.

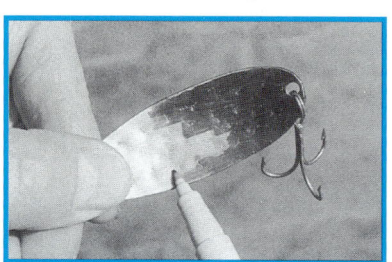

Bei schmutzigem Hochwasser ist die Farbe »Schwarz« für den Fisch am weitesten zu sehen und am leichtesten zu verfolgen.

Nun haben wir aber in unserem Köder-Etui kaum schwarze Köder. Also müssen wir uns solche erst selber herstellen. Und das können wir auch, wenn wir z.B. unsere vorhandenen Köder mit »wasserfestem« Filzschreiber »schwarz überstricheln«. Die Farbe läßt sich übrigens später wieder leicht entfernen.

129

Köder »schwärzen« bei Hochwasser

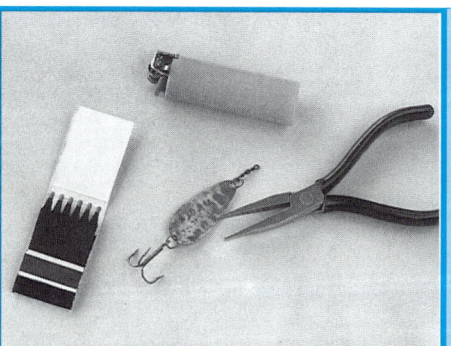

Wenn wir unseren Köder mit Zündholz oder Feuerzeug »überrußen«, erzielen wir dieselbe Wirkung. Auch diese Farbe hält ziemlich dauerhaft am Köderkörper fest und läßt sich später wieder leicht durch Abwischen entfernen.

130

Hier das Werkzeug zum Überrußen: Feuerzeug oder Zündholz und eine kleine Zange zum Festhalten des dabei ziemlich heiß werdenden Köders. Wobbler sollte man dieser Prozedur nicht unterwerfen!

110

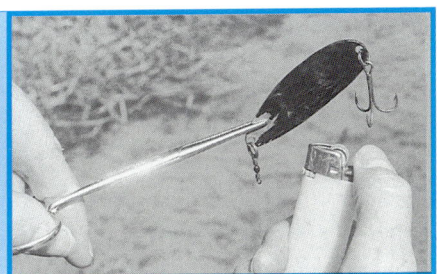

Und so sieht der »überrußte« Köder aus. Auch er läßt sich blitzschnell wieder säubern!

131

»**N**atürlicher Köderduft« lockt auch Raubfische an! Und das sollte man ausnützen. Ob wir unsere Köder nun z.B. mit Knob-

lauch-Zehen einreiben oder in ein kleines Fläschchen mit stark riechendem Knoblauchsaft eintunken, immer werden wir damit den größten Erfolg haben!

132

Spinn-Köder mit »Natur-Duft« versehen

Übrigens haben sich auch schon natürliche an den Haken des Köders gesteckte Würmer, Fischfleischstückchen oder kleine Schaumgummi-Streifchen, die mit Heringsöl beträufelt waren, bestens bewährt!

133

111

Falls wir Spinnsysteme mit vorne, eventuell auch hinten verschiebbaren Hakenknoten versehen, kann man die Systeme unterschiedlichen Ködergrößen anpassen, wenn die sonst dafür üblichen Köderlängen gerade nicht verfügbar sind. Wir befe-

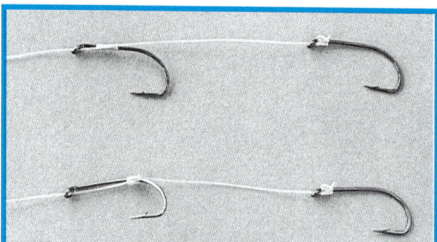

stigen dazu die Angelschnur nicht direkt an den Hakenösen, sondern kurz hinter denselben, direkt am Hakenschenkel.

Wird der Knoten dabei nicht allzu fest zusammengezogen, läßt er sich auf dem

134

Hakenschenkel verschieben, sowohl der eine als auch der andere. Je nach Schenkellänge der Haken können dabei Längenänderungen von bis zu etwa 4 cm oder gar noch mehr erreicht werden. Unser Köderfisch darf also in seiner Länge bis zu etwa 5 cm größer als sonst üblich sein!

Köder retten – Hängerlösetricks

Dieser Hängerlöse-Trick wird fast auschließlich nur an Fließgewässern eingesetzt, nur gelegentlich auch an stehenden

Gewässern, wenn gerade ein stärkerer ablandiger Wind bläst. Hat sich unser Spinnköder unten am Boden des Gewässers festgehakt und ist durch leichteres Schütteln und Zupfen nicht mehr freizubekommen, dann flechten wir

Mit dem Weidenkranz

135

112

136

uns aus 3 bis 5 etwa 1 m langen, biegsamen Weiden- oder auch anderen Zweigen einen »Kranz«, dessen Innendurchmesser etwa 30–60 cm beträgt.

Auf der Innenseite des Kranzes werden noch kleinere Seitenzweige und größere Blätter entfernt, damit sich die Schnur nicht in ihnen verhängen kann. Dann wird der Kranz von hinten her über Rolle und Rute, bis zu deren Spitze, geschoben. Bei steilem Anheben der Gerte nach oben lassen wir dann den Weidenkranz auf der straff gespannten Schnur möglichst in eine nähere und stärkere Strömung gleiten.

Beim Nachlassen der Schnur treibt der Weidenkranz dann stromab, einige Meter über die Hängestelle hinaus, und beginnt nun, bei ruckweisen Auf- und Abbewegungen der Rute, von stromabwärts her, also entgegen der vorherigen Einzugsrichtung des Hakens, ruckweise ziehend, auf diesen einzuwirken. Schon bald hat er den oder die Haken soweit gelockert, daß sich dieselben lösen, im Kranz verhängen und mit diesem dann einziehen lassen. Und ein guter Wobbler kann gut und gerne an die 40,– DM kosten!

137

113

138

Und da hat es auch schon geklappt. Der befreite Köder wird samt dem Löse-Kranz eingezogen.

139

Hier ist unser Heintz-Blinker wieder unbeschädigt zurück. Den Weidenkranz können wir für diesen Angeltag ruhig noch aufheben und an anderer Stelle noch mal verwenden.

114

Auch dieser Hängerlöse-Trick wird meist nur an fließenden Gewässern, seltener, und das nur bei stärkerem ablandigem Wind, auch an stehenden Gewässern, eingesetzt. Vor allem aber wird er meist bei Hängern in größeren Weiten angewendet.

Hat sich der Köder, wieder einmal, irgendwo unten am Boden des

140

Gewässers festgesetzt und ist durch leichtes Schütteln und Zupfen nicht mehr freizubekommen, dann sucht man sich in einem nahen Ufer-

Mit dem dicken Knüppel

gebüsch einen etwa 50–70 cm langen »dickeren und festen Knüppel« und bindet ihn, wie aus den folgenden Bildern zu ersehen ist, mit einer kunststoffüberzogenen Wäscheleine an beiden Seiten fest. Die große Schlinge hält man oben so fest, daß der Knüppel waagerecht hängt. Dann knüpft man oben noch einmal eine Schlinge ein, die allerdings so groß sein muß, daß sie sich über Rolle und Rute schieben läßt.

Wir schieben nun wiederum diese letzterwähnte Schlinge von hinten her über Rolle und Rute, bis über die Gertenspitze hinaus, und lassen sie dann, der Knüppel hängt dabei waagerecht nach unten, durch Hochstrecken der Gerte an der gespannten Angelschnur in eine möglichst nahe Strömung gleiten.

Oder aber wir werfen den Knüppel, bei geöffnetem Schnurfangbügel, möglichst weit über die Hängestelle hinaus aufs Wasser (bei strömungsarmem oder strömungslosem Wasser).

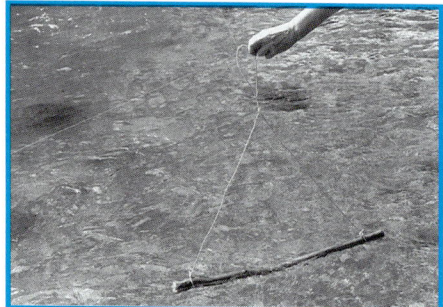

141

So sieht unser Hängerlösegerät aus, wenn es an der durch die oberste Schlinge führenden Angelschnur hängt, und so ...

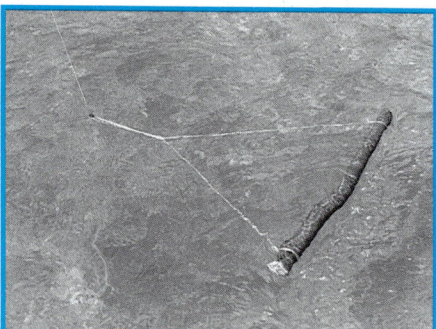

142

... wenn es von der Strömung stromabwärts gedrückt, die zum Hänger nach unten führende Angelschnur stromabwärts, also nach hinten aus der Hängestelle herausreißt.

Hier noch einmal der ganze Lösungsvorgang klar und deutlich. Links vorn an einem Stein der festgehaltene Köder. Durch den von der Strömung stromab (hier nach rechts) getriebenen »dicken

143

116

Knüppel« wird die vom Hänger wegführende Angelschnur nach hinten (hier nach rechts) gerissen, während die zur Gerte führende Schnur nach links oben führt.

Und hier das Erfolgserlebnis. Der »dicke Knüppel« hat unseren Köder aus seiner Hängestelle heraus- und freigerissen. Köder und Lösegerät werden einfach eingeholt.

Das Lösegerät sollte man für diesen Angeltag noch weiter aufheben und mitführen. Vielleicht brauchen wir es noch einmal.

144

Auch die schon geleerte »Bierflasche« kann gut zum Hängerlösen eingesetzt werden! Sie wird hauptsächlich am fließenden, kaum aber auch am stehenden Gewässer benutzt werden und wirkt ähnlich wie die

Mit der Bierflasche

145

117

schon weiter oben zitierten Hängerlöse-Geräte. Hat man den Hänger verspürt, versucht man ihn erst durch leichteres, nicht allzu starkes Auf- und Abruckeln mit der Gerte zu lockern und zu lösen. Gelingt das nicht, dann binden wir die Bierflasche, wie auch aus

146

Schlinge hängt in Angelschnur

den folgenden Bildern zu ersehen ist, oben am Flaschenhals, kurz hinter dem Wulst, mit einer kunststoffüberzogenen Wäscheleine mit deren beiden Enden fest.

Nun wird das Lösegerät nur noch von hinten her über die Gerte und deren Spitze geschoben und die Flasche einer nahen Strömung übergeben, in der man sie dann einige Meter über die Hängestelle hinaustreiben läßt. Von hier aus reißt sie ebenfalls die zum Hänger führende Schnur stromabwärts mit, lockert den Köder aus seiner Hängestelle heraus und kann mit dem geretteten Köder wieder eingezogen werden. Ruckelnde Auf- und Abbewegungen der Gerte unterstützen dabei die köderlösenden Anstrengungen.

In ganz langsamen Strömungen oder in stehenden Gewässern richtet man die Gerte auf die Hängestelle aus, öffnet den Schnurfangbügel seiner Rolle und schleudert dann die Bierflasche, mit der die Rute nicht haltenden Hand mit großer Gewalt möglichst weit über die Hängestelle hinaus aufs Wasser. Sehr günstig wirkt es sich dabei aus, wenn ein gerade vorherrschender Wind die Flasche noch etwas weiter nach draußen treiben kann.

Hier das Hängerlöse-Gerät halb unter Wasser. Es zieht die zur Hängestelle führende Schnur schon nach rechts, von der Hängestelle stromabwärts weg.

147

Und hier der ganze Lösevorgang noch einmal klar und deutlich. Links vorne der festgehaltene Köder. Die nach rechts, also stromabwärts treibende Bierflasche reißt die vom Hänger wegführende Schnur nach rechts, also ebenfalls stromabwärts, mit. Die zum Angelgerät führende Schnur ist nach links oben gerichtet zu sehen.

Hier noch in Großaufnahme das Hängerlöse-Gerät mit dem wieder befreiten Köder.

148

119

Der »Stein an der Löseschnur« hat den Vorteil, daß er sich von Hand aus extrem weit auswerfen läßt. Er wird auch in stärkster Strömung nicht so schnell abgetrieben, kann also von seiner Einwurfstelle aus länger lösend auf den verhängten Köder

149

Mit dem Stein an der Löseschnur einwirken. Hier befindet sich der Hänger in sehr starker Strömung. Da wirkt ein ziemlich schweres Lösegerät am besten.

Bauen wir uns also ein solches zusammen.

150

Dazu verwenden wir am besten einen etwa 3fach faustgroßen, grobporösen Stein, an dem die beiden überzuschiebenden Schnurlaufschlingen auch am besten halten. Die große Schnurschlaufe schieben wir von hinten her über Rolle und Gerte.

120

Dann wird die Angelschnur zur Rolle hin durch Eindrehen gestrafft, über den Zeigefinger gelegt, der Schnurfangbügel geöffnet und der in der linken Hand gehaltene Stein etliche Meter über die Hängestelle hinaus, stromab von dieser, ins Wasser geworfen.
Der Stein sinkt auf den Grund, reißt die zum Köder führende Schnur stromab (hier nach rechts) und schon kann man mit den ruckelnden Gertenbewegungen beginnen.

151

Hier noch einmal alles klar und deutlich. Links vorn der festgehakte Köder. Rechts, also stromabwärts davon, der Löse-Stein, der die zum Köder führende Schnur nach rechts reißt. Links oben die zum Angelgerät führende Angelschnur.

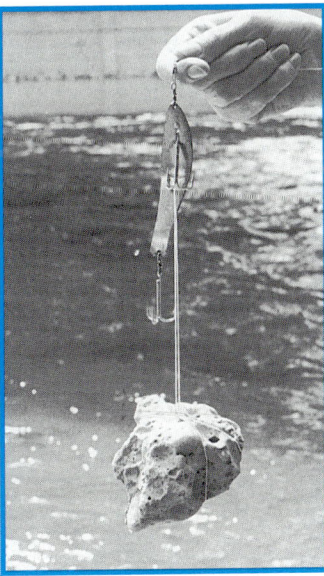

Und hier das Rettungsgerät aus der Nähe mit dem daran festgehängten Köder. Beide sind wieder sicher am Ufer.

152

Wo immer wir uns auch befinden, an einem fließenden oder stehenden, einem kleineren oder größeren Gewässer, versuchen wir doch einen eventuellen Hänger erst einmal durch »leichteres Ruckeln« mit der Rute zu lösen. Wenn uns das nicht gelingt, dann gehen wir einfach stromab, also entgegengesetzt zur Ein-

153

ziehrichtung des Köders, und ruckeln und zuckeln dann von hier aus weiter. In vielen Fällen werden wir damit Erfolg haben.

Durch »Entgegengesetzt-Gehen«

15

155

Und da ist er ja wieder, unser Ausreißer.

Hierbei handelt es sich um ein Hängerlöse-Gerät, das hauptsächlich bei der Boots- oder Steilufer-Angelei, also dann, wenn sich der Angler ziemlich hoch und steil über der Hängestelle befindet, benutzt wird,

Das Hängerlöse-Gerät kann aber durchaus auch an flacheren Gewässerstellen, namentlich wenn man selbst ziemlich hoch über dem Wasserspiegel, also am Hochufer steht, eingesetzt werden.

Mit der Kugelkette 156

Die »Kugel-Kette« ist eine dickere Bleikugel oder, wie hier, ein birnenförmiges Blei, an dessen oberer Einhängeöse 4 kurze, etwa 20 cm lange Stücke einer Hundekette befestigt sind. Die Kettenenden hängen frei nach unten.

Knapp oberhalb des Einhängewirbels der festen Löseschnur (dicke, geflochtene Meeresangelschnur) haben wir noch einen weiteren Einhängewirbel in die Löseschnur eingeknotet. Dieser kurze Seitenzweig dient dazu, durch Einklinken dieses Einhängewirbels um die nach unten gestraffte Angelschnur das Lösegerät so nahe an die Angelschnur heranzubringen, daß sich die lockeren Kettenstücke, wenn sie nach

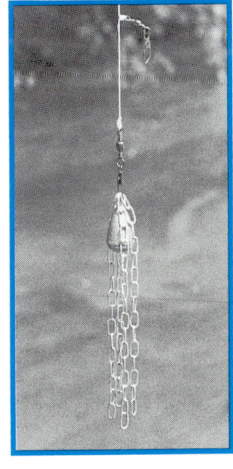

157

123

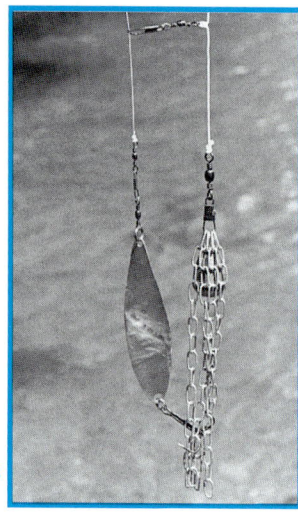

158

unten zum verhängten Köder hinabgesenkt werden, auch absolut sicher in den Haken des Köders verhängen!

Erfolg gehabt! Der Löffel hat sich in den Kettenenden verhängt und kann mit der festen Löseschnur nach oben geholt werden.

Der »Kugelketten-Doppelring« ist in seinem Aussehen und vor allem auch in seiner Arbeitsweise dem vorher zitierten Lösegerät »Kugel-Kette« sehr ähnlich.
Wir verwenden diesmal nur eine etwas dickere Hundekette (etwa 80 cm lang), die wir in der Mitte teilen, dann jeden Teil eng zusammenklappen und die wir dann mit ihren 4 Kettenenden in dem mittels einer kleinen Drahtösenstange, die durch eine dickere Bleikugel führt, unterhalb derselben in den sichtbaren Springring einhängen. Die beiden Kettenringe bleiben unten geschlossen. Über der Bleikugel wird wiederum ein größerer Einhängewirbel in die dicke Löseschnur eingeknotet. Er steht wie ein kleiner Seitenzweig seitwärts ab.

Mit dem Kugelkettendoppelring

159

124

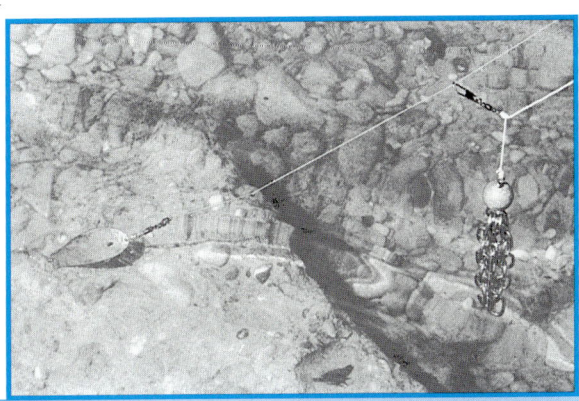

160

Nun klinken wir den Löseschnur-Einhängewirbel nur noch in die zum festgehakten Köder hinunterführende Angelschnur ein und lassen dann das Lösegerät (Kugelketten-Doppelring) bis zum Köder hinunter.

Ein bißchen Hin- und Her- und Auf- und Abzupfen mit der Löseschnur reicht aus, und schon wird sich der Köder mit seinen Haken im Lösegerät vorhängen und kann dann mit diesem nach oben gezogen werden.

Und hier ist er auch schon, der Heintz-Blinker, der doch so viele Erinnerungen in uns hervorruft.

161

125

Auch das »Löse-Karussell« ist ein »Tiefen-Lösegerät« und wird hauptsächlich vom Boot oder hohen Steilufer aus eingesetzt. Auf Grund seiner gekreuzten Arme ist dieses Lösegerät sehr hänger-fängig und verhängt sich daher sehr leicht am festgehakten Köder.

Wie ersichtlich, besteht dieses Gerät oben aus zwei gekreuzten und an seinen Enden mit Ösen versehenen Armen. Die Arme sind oben »umeinander herumgedreht« und lassen sich zum Transport flach zusammenklappen. Das Gerät ist also ohne weiteres stets in einer kleinen Schachtel mitzuführen.

An jedem Arm hängt außen wiederum ein kurzes Kettchen (etwa 20 cm, lang), das unten (damit die Ketten immer gestreckt und möglichst fängig nach unten hängen) mit einer mittleren Bleikugel bestückt ist.

Die feste Löseschnur wird oben in der Kreuz-Öse angeknüpft. Einige Zentimeter darüber knoten wir wiederum einen größeren Einhängewirbel seitlich in die Löseschnur, mit dem wir dann das Lösegerät möglichst nah an der Angelschnur herablassen können.

162

Mit dem Löse-Karussell

Und da hat sich ja unser etwas zu tief geführter Köder hinter einer Felskante festgehakt. Durch ein leichteres Ruckeln und Zuckeln kann der Köder leider nicht gelöst werden. Also...

1

126

...müssen wir zum Karussell greifen.

164

Hier ist der ganze Lösevorgang klar und deutlich zu sehen. Links vorn der festgehakte Köder. Darüber, schräg nach oben, rechts, die leicht gespannte Angelschnur und darunter, über den kurzen Einhängewirbel-Seitenzweig mit der Angelschnur verbunden, das Löse-Karussell, das aufrecht, von oben nach unten, dicht neben der Angelschnur, an der Löseschnur herabgelassen wird.

Ein paar Schüttelbewegungen mit der Löseschnur genügen, damit sich das Karussell in den Haken des Köders verhängen und dieser dann mit dem gesamten Lösegerät nach oben gezogen werden kann.

Und da ist auch schon unser Lösegerät und, darin festgehängt, unser aus der Hängestelle befreiter Köder!

165

127

Raubfische »anfüttern«

Ja, auch das ist durchaus möglich! Wir werfen hierzu nur, an einigen weiter voneinander entfernten Stellen, an raubfischgünstigen Aufenthaltsplätzen, Anfütterungsklumpen für kleine Friedfische aus. Werden diese dann öfter in die Nähe der Raubfisch-Plätze gelockt, patrouillieren sie dort, auf der Suche nach weiterer Anfütterungsnahrung immer wieder vorbei und locken so die Raubfische, hier die Hechte, auf die wir es später abgesehen haben, erst an die zitierten Stellen herbei. Es kann sich hierbei um Zander, Barsche, Hechte oder sogar Waller handeln.

Und wenn wir dann diese mit kleinen Friedfischen verseuchten Raubfischplätze später mit unserem Kunstköder abwerfen, werden wir erheblich öfter als sonst an einem Raubfisch ..... hängen bleiben!

166 *Hechte »anfüttern«*

128

Fliegenfischen und Behelfs-Fliegenfischen

Geräteprobleme

Bei voll montierter Fliegenrute sollte das Fliegenvorfach stets gestreckt sein und die Fliege nicht wild in der Gegend herumflattern, sondern bei gestrafftem Vorfach in den kleinen, meist vor dem Fliegenrutengriff angebrachten Haltering eingehängt werden. Er ist ja schließlich dazu da, daß die jeweils montierte Fliege geschützt an der Gerte befestigt werden kann, damit vor allem bei den Trockenfliegen deren Hecheln möglichst nicht verformt, d.h. irgendwie verknickt, verbogen, verlagert oder ganz aus ihrer ursprünglichen Richtung herausgedrückt werden.

Das ist aber leider bei einem Großteil der Fliegenruten der Fall. Betrachtet man den meist winzigen Haltering für die am Fliegenrutengriff einzuhängenden Fliegen genauer, so hat er noch lange nicht seine Idealform erreicht. Also muß sich der Angler mal wieder selber helfen!

Vorbedingung für den Erfolg beim Trockenfliegenfischen ist, daß das Fliegenvorfach möglichst gerade und glatt gestreckt sowie der Gertenlänge entsprechend auch möglichst lang ist. Angelt er gerade nicht, strafft der Fliegenfischer das Vorfach dadurch, daß er die Fliege in die kurz vor dem Fliegenrutengriff angebrachte winzige Halteöse einhängt und die Schnur dann auf Spannung dreht. In gestrecktem Zustand reicht jetzt also das Vorfach von der Halteöse kurz vor dem Griff bis einige Zentimeter unterhalb des Spitzenringes.

Damit ist aber auch bereits die maximale Länge eines glatt gestreckten Fliegenvorfachs festgelegt, die wiederum von der jeweiligen Gertenlänge abhängt. Bei einer Fliegenrutenlänge von z.B. 2,70 m bleibt dann für die Vorfachlänge, die 30 cm für die Grifflänge abgezogen, etwa 2,40 m übrig. Das entspricht ungefähr der Länge gekaufter Fliegenvorfächer.

Was wird aber, wenn wir eine kürzere Fliegengerte, dem Trend entsprechend, also eine von nur 2,10 m benutzen? Ziehen wir dann noch etwa 30 cm für die Grifflänge von der Vorfachlänge ab, dann bleibt uns für dieses nur noch eine kümmerliche Länge von 1,80 m übrig!!

Und das ist für ein erfolgversprechendes Trockenfliegenfischen, namentlich auf die besonders vorfachscheue Äsche, schon besonders kurz. Der Angler ist also für jeden Zentimeter dankbar, um den das Fliegenvorfach »verlängert« werden kann. Und tatsächlich, das ist möglich, und zwar um volle 30 cm, also um eine volle Grifflänge.

War es früher noch üblich, Fliegenvorfachschlaufe und Fliegenschnurspitze sowie Fliegenschnurende und Backinganfang (monofile Nach- bzw. Verlängerungsschnur) mit einem schönen dicken Schlaufenknoten zu verbinden, der dann natürlich meist in der engen Beringung der Fliegenrute hängen blieb und dauernd zu Verzweiflungsschreien Anlaß gab, so sind diese Schnurverbindungsknoten heute so winzig und »ringschlüpfrig« geworden, daß es eine wahre Freude ist!

Es gibt schon eine ganze Reihe besonders rutschfreudiger Verbindungsknoten, aber komisch, die Fliegenfischer erfinden immer wieder neue, mit denen der Leser dieses Buches auf den folgenden Seiten sofort vertraut gemacht werden soll.

Immer wieder wird es große Probleme geben, wenn man mit einem »Shooting Head« (Fliegenschnurkopf, etwa 9 m lang) vom dicht mit vertrocknetem Graszeug bewachsenen Ufer aus extrem weite Würfe machen will und nun die ganze, dafür notwendige »Backingschnur« vorher auf dem hindernisreichen Boden auslegen muß. Fast immer bliebe man dabei mit der Backingschnur auf dem Boden hängen und der angesetzte Weitwurf würde dann abrupt abgestoppt.

Damit ist jedoch von nun an Schluß! Auch längste »Backingschnüre« können, ohne noch einmal im Gras oder auf sperrigem

Boden hängen zu bleiben, »direkt von der Rolle in den Vorwurf eingeschossen« werden. Wie das möglich wird? Nun, davon im folgenden Bildteil mehr.

Sonderköder und abgeänderte Köder

Welchem Fliegenfischer wäre es noch nicht passiert, daß er an einem wunderschönen, glasklaren Gewässer nur mit der künstlichen Fliege fischen darf, er aber all seine Erfolgsfliegen bisher vergeblich anbot, weil die Forellen, namentlich die in der Uferregion, von den zahlreichen, gewässernah passierenden Spaziergängern dauernd mit Brot gefüttert werden und die Fische sich nun schon so auf die leicht zu erhaschende Nahrung eingestellt haben, daß sie andere Köder einfach nicht mehr annehmen!

Unsere immer wieder gestarteten Versuche, nun doch die eine oder andere der oft riesigen Forellen mit einer üblichen Fliege zu fangen, erleiden kläglich Schiffbruch. Wir zweifeln plötzlich an uns selbst und an unserem Ruf, bis jetzt doch immer zu den eigentlich recht erfolgreichen Fliegenfischern gehört zu haben.

Mit einem reinen Stück Semmel würden wir natürlich Bombenerfolge erzielen, aber mit einer künstlichen Fliege ist das eben vollkommen unmöglich. Oder etwa doch nicht? Gibt es vielleicht doch noch eine Art »Geheimköder«? Und in der Tat, es ist so. Es gibt einen. Nach vielem Hin- und Herüberlegen kam ich darauf. Das Ergebnis sehen Sie im folgenden Bildteil dieses Kapitels. .... Absolut tödlich!

Daß Heuschrecken ein umwerfender Köder zum Fang aller Salmoniden sind, ist wohl jedem bekannt. Was aber tun, wenn am jeweiligen Gewässer wiederum nur künstliche Köder erlaubt sind und unsere anderen Köder von den Fischen einfach nicht genommen werden?

Nun, es gibt auch künstliche Heuschrecken, und wenn man welche dabei hat, dann ist man auch aller Ködersorgen enthoben. Was aber, wenn wir diese Köderart gerade heute nicht dabei haben oder wenn sie uns gerade heute ausgegangen sind bzw. wir sie daheim vergessen oder unterwegs verloren haben? Dann wird es natürlich eng! Es sei denn, wir wüßten eine andere Lösung. Und tatsächlich gibt es eine, nämlich den »Stengel-Heuschreck«! Wir fertigen uns einfach einen künstlichen Heuschreck selbst an, auch wenn wir kein spezielles Fliegenbindekästchen dabei haben. Und woraus? Ganz einfach aus einem vertrockneten Stückchen Pflanzenhalm.

»Streamer« sind Bomben-Köder! Haben wir einmal unsere Streamer-Schachtel daheim vergessen oder sind gerade unsere bisherigen Erfolgs-Streamer ausgegangen, dann lassen sich schnell neue zurechtzimmern.

Manchmal sehen wir Ringe am Wasser, die eigentlich darauf hindeuten, daß die Fische gerade auf der Wasseroberfläche abtreibende Insekten einschlürfen, wir also »Trockenfliegen« montieren sollten. Aber das ist eine dicke Täuschung! Sooft wir auch unsere Trockenfliegen-Muster wechseln, nichts will beißen.

Warum? Nun, ganz verständlich, weil nämlich die Fische in diesem Fall gar keine auf dem Wasser abtreibenden Insekten, sondern gerade zur Wasseroberfläche aufsteigende Nymphen dicht unter der Wasseroberfläche jagen und sie dabei die Wasseroberfläche mit der obersten Spitze ihrer Rückenflosse durchbrechen. Das ergibt dann den mißdeutigen »Ring«. Wollen wir trotzdem noch Erfolg haben, müssen wir uns auf diese geänderte Sachlage einstellen und den Fischen jetzt nur »Aufsteiger-Nymphen« ganz knapp unter dem Wasserspiegel offerieren. Dann sind wir auch gleich wieder ..... im Geschäft!

Es ist seltsam, aber manchmal haben wir mit keinem unserer bisher noch so erfolgreichen Köder, vor allem unseren Nymphen, Erfolg – namentlich zu hochsommerlichen Flautezeiten.

Das läßt sich aber schnell ändern, wenn wir unsere bisherigen Erfolgs-Nymphen mit natürlichem Köderduft versehen. Als am besten hat sich immer der eines kleinen, an den Nymphenhaken angehängten 1–2 cm langen, dünnen Wurmendes erwiesen!

Der Erfolgsköder Streamer läßt sich in seiner Attraktivität auf räuberisch veranlagte Fische der mittleren Gewichtsklasse noch erheblich verstärken, wenn man seine Form mit kleinen Dingen des Alltags, die wir fast immer mit uns führen oder die überall aufzutreiben sind, in seinem bisherigen Erscheinungsbild mehr oder weniger verändert. Vom verführerischen Schwänzeln bis zum groben »Radaubruder« ist alles drin.

Gesteigerte Fangerfolge

Sie erreichen wir oft durch eine bloße Abänderung der bisherigen »Führungstaktik«. Haben wir z.B. bisher unsere Köder, wie z.B. Nymphen oder Streamer, sobald sie ins Gesichtsfeld eines ausgemachten Fisches kamen, in gerader Flucht das Weite suchen lassen, so bringt es zu Flautezeiten vielleicht den größeren Erfolg, wenn wir die eben erwähnten Köder nicht in gerader Flucht, sondern in unbeholfenen Rucken vor den Fischen fliehen lassen!
Wir müssen eben dauernd auf die Erfindung neuer Führungsvarianten sinnen, müssen neue Methoden ausprobieren, wenn die alten, bisher erfolgreichen, einmal nicht zum gewünschten Erfolg verhelfen! Praktische Anleitung dazu z. B. auf Seite 155.

Nützliches Kleingerät

Wir benötigen es für die unterschiedlichsten Zwecke, manchmal mit weniger, manchmal mit mehr Erfolg.
Nervenaufreibend kann es z.B. sein, wenn wir bis zum Bauch im Wasser stehen und dabei einen Fliegenwechsel vornehmen müssen, aber die, wenn auch vorher schlampig abgerissene und verbogene, dann aber sauber nachgeschnittene, verhältnismäßig dünne Vorfachspitze nicht durch das Hakenöhr schlüpfen will.
Ganz einfach nur deshalb, weil das Öhr der Fliege vom Fadenbefestigungslack hoffnungslos verklebt ist.
Und leider hat man in solchen Momenten meist keine spitze und dünne Nadel an der Fliegenweste stecken, mit der das Hakenöhr wieder freigemacht, d.h. durchstochen werden könnte. Vielleicht hatten wir früher immer eine solche Nadel dabei, aber sie ging uns eben inzwischen verloren.
Nun, das Problem ist trotzdem leicht zu lösen, wenn wir statt der gesuchten Nadel einfach die dünne und scharfe Hakenspitze einer anderen Fliege benutzen und dann mit ihr das Durchstechen des Hakenöhrs vornehmen!
Übrigens läßt sich die »Krautfängigkeit« eines Streamers schnell beseitigen.

Wurf-Probleme

Steht man im flacheren Wasser und das auch noch zwischen scharfkantigem Gestein, kann es sehr leicht passieren, daß, wenn man vor dem nächsten Wurf einige Meter lockere Schnur zum späteren Einschießen vor sich im Wasser treiben hat, sich diese lockeren Schnurklänge zwischen oder hinter scharfkantigem Gestein festhängen, den nächsten Wurf abrupt abstoppen oder sich an den scharfen Kanten des Gesteins in ihrer Beschichtung verletzen. Namentlich dann, wenn man ziemlich temperamentvoll an der Schnur herumzerrt, um sie wieder freizubekommen.

Bei einer »Naß-Schnur« macht das nicht viel aus, denn die Schichtverletzung kann im schlimmsten Fall nur dazu führen, daß die Naß-Schnur noch ein wenig schneller nach unten absinkt. Bei einer »Trocken-Schnur« dagegen könnte eine Verletzung der Schnur-Beschichtung dazu führen, daß die Schnur irgendwo auf ihrem vorderen Teil absinken, weil sie dort ihre volle Schwimm-fähigkeit verlieren würde. Und eine solche Fliegenschnur müßte dann für teures Geld sofort ausgewechselt werden! Also Vorsicht, wenn sich besonders unsere Trocken-Schnur hinter scharfkanti-gem Gestein festklemmt! Dann dürfen wir auf keinen Fall mit Gewalt an der Schnur herzumzuzerren beginnen, da die Schnur dabei nur beschädigt würde und baldigst ausgewechselt werden müßte! Anleitung zum Lösen von Wurfproblemen auf Seite 158.

Behelfs-Fliegenfischen mit dem »Tiroler Hölzl«

Diese Art der Angelei richtig einzuordnen, ist gar nicht so leicht. Gehört sie noch zum Spinnfischen, da sie ja schließlich mit dem leichten Spinngerät ausgeführt wird, oder gehört sie zu einer außergewöhnlichen Ausführungsart des Fliegenfischens, da sie ja mit reinen Fliegenködern ausgeführt wird. Nun, ich habe mich für die letztere Einteilungsvariante entschieden.

Als reines Angel- und Wurfgerät kommt also das »leichtere Spinn-gerät« in Frage. Der vorher am Ende der Angelschnur angebrach-te Einhängewirbel bleibt dort, wo er ist. In ihn wird später das sogenannte »Tiroler Hölzl«, ein Unterwasser-Gleitkörper, den es in den verschiedensten Bauarten gibt, eingehängt.

Das Tiroler Hölzl oder »Ersatz«-Hölzl wird meist in größeren, tiefen oder strömungsreichen Fließgewässern benutzt. Schräg steil stromauf eingeworfen, läßt man es bis zum Grund absinken und dann von der Strömung über den Grund »dahinholpern«. Es treibt in stehender, aufrechter Stellung ab, da es an seiner Unterseite mit einem schwereren Bleigewicht bestückt und sein Körper aus sehr schwimmfähigem Material gefertigt, also mit großer Schwimmfähigkeit ausgestattet ist.

Während des Abtreibens mit der Strömung sollte ein gutes Tiroler Hölzl mit seinem unten angebrachten Bleigewicht über den Gewässergrund dahinholpern, während sein aufrecht nach oben gerichteter Schwimmkörper durch den Strömungseinfluß oder beim Anstoßen an Grundgestein kräftig hin- und herwackeln sollte. Und gerade dieses Hin- und Herwackeln bringt dann die beiden Seitenzweige mit den Nymphen ebenfalls in lebhafte Bewegungen, die der diesen beiden Ködern eigenen Führungsweise wiederum sehr nahe kommen, diese bestens imitieren und damit den Ködern die für einen Anbiß erforderliche Attraktivität verleihen. Aus was alles man Tiroler Hölzl oder Ersatz-Hölzl fertigen kann, wurde schon öfter erwähnt. Hier im Bildteil dieses Kapitels sind nun weitere Ersatz-Hölzl aufgeführt, die es lohnt, sie nachzubauen. Die Urform des Tiroler Hölzls dürfte dabei die aus absolut ausgetrocknetem Astholz mit daran verbliebener Rinde sein! Es fällt den Fischen im Wasser nicht weiter auf, verfügt über eine enorme Schwimmkraft und ist auch am billigsten herzustellen.

Tips zum Lösen von Geräteproblemen

Fast alle Fliegenruten sind dicht vor ihrem Griff mit einer dreiecksähnlichen, winzigen Fliegen-Einhängeöse versehen. Hängt man die Fliege hier ein, rutscht sie sofort nach vorn und unten, in die vorderste Ösenecke. Die Fliege wird dabei in Seitenlage kräftig an den Rutenhandteil gequetscht, ihre Hecheln werden in alle Richtungen auseinander- bzw. weggedrückt. Die Fliege ist alsbald restlos deformiert und es kostet einem wertvolle Zeit, um sie anschließend mit Hilfe einer Nadel auch nur einigermaßen wieder in dieselbe Form wie anfangs zu bringen.

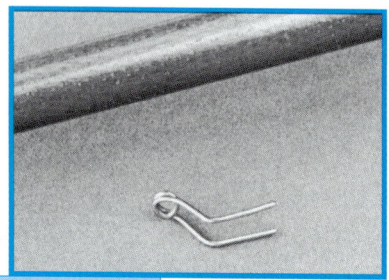

167

Hecheln bleiben unbeschädigt

Wiederholt sich diese Operation allzu oft, bleiben die Hecheln der Fliege für immer verdrückt und verlieren ihre federnd harte Elastizität. Trockenfliegen ruhen dann nicht mehr auf ihren Hechelspitzen auf der Wasseroberfläche, sondern sinken schon nach kurzer Abdrift tief ins Wasser ein.

Der Angler kann jedoch das »Fliegen-Quetschen« vermeiden, indem er die ursprüngliche, winzige Einhängeöse entfernt und sie durch eine den Erfordernissen entsprechende höher gebaute ersetzt. Wie? Das ist den beiden Abbildungen, oben und unten, zu entnehmen. Wir geben dabei dem 1–1,2 mm starken Stahldraht die dort ersichtliche Form. Die geschlossene Ringöse verhindert dabei, daß die in sie eingehängte Fliege nach unten rutschen kann und wiederum deformiert wird.

168

Nun wird die Fliegen-Einhängeöse nur noch dicht vor dem Fliegenrutengriff auf die übliche Art mit Seide angebunden und mehrmals lackiert.

Und so sieht die fertige, von uns selbst geänderte, erhöhte Fliegen-Einhängeöse aus, wenn sie an der Fliegenrute montiert ist. man sieht deutlich, daß die Hecheln der Fliege nicht mehr an den Rutenkörper herangequetscht und deformiert werden.

Die Gefahr des oben beschriebenen Fliegen-Quetschens und die der Fliegen-Hechel-Deformation können wir aber auch durch eine etwas vereinfachte Form einer selbst gefertigten,

136

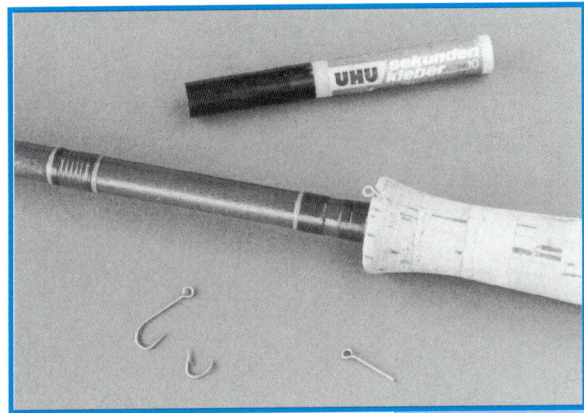

169

erhöhten Fliegen-Einhängeöse beseitigen. *Hecheln werden nicht mehr geknickt.* Wir biegen uns dann nicht, wie im oben beschriebenen Fall, aus Stahldraht erst eine eigene Spezialöse zurecht, sondern zwicken nur bei einem lang-schenkligen Einfachhaken den Hakenschenkel, dicht vor dem beginnenden Hakenbogen ab. Siehe unten, vorn, auf dem oben-stehenden Bild.

Bei Einfachhaken mit geradem Öhr wird dieses mit der Flachzan-ge noch etwas abgewinkelt. Bei Einfachhaken mit schon abge-winkeltem Öhr braucht dieses meist nicht noch weiter abgewinkelt zu werden. Nun wird die Ösenstange nur noch oben (also auf der Gegenseite der Ru-tenberingung) vorn, die Kante des Korkgriffes gerade noch überragend, mit Sekundenkle-ber schräg in den Korkgriff einge-klebt.

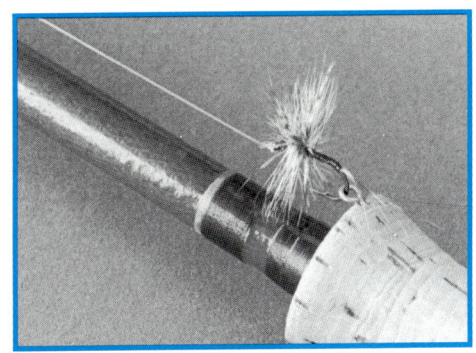

170

137

Hängt man die Fliege, vor allem die weit auseinandergespreizten Trockenfliegen, nach einer gewissen Trocknungszeit der eingeklebten Öse, in die vorn über die Griffkante flach herausragende Einhängeöse ein, so werden die Hecheln der Fliege nicht mehr an den Rutenkörper herangequetscht und damit auch nicht mehr verknickt!

Wie schon oben im allgemeinen Teil dieses Kapitels erwähnt, müssen zum erfolgreichen Trockenfliegenfischen unsere

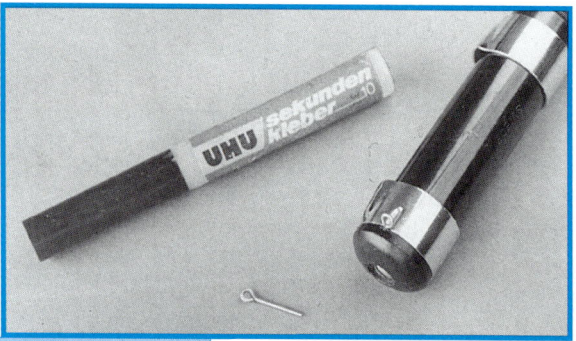

171

Vorfach- Verlängerung Fliegenvorfächer stets möglichst gerade, glatt gestreckt und der Gertenlänge entsprechend möglichst lang sein. Damit das Fliegenvorfach bei eingehängter Fliege und gestraffter Schnur nicht beim Einziehen in den Spitzenring geknickt wird, darf also der dicke Schlaufenteil des Vorfachs nie in die Beringung der Fliegenrute mit hineingezogen werden! Sonst bildet sich im oberen Vorfachteil ein kaum mehr zu begradigender Knick. Und das muß unbedingt vermieden werden. Gestraffte Fliegenvorfächer dürfen also immer nur, von knapp unterhalb des Spitzenringes beginnend, bis zur längstmöglichen Streckung, nämlich dem unteren Fliegenruten-Griffende reichen. Da aber die Einhängeösen für die Fliegen meist vor dem Fliegengriff montiert sind, müssen wir die Gesamt-Grifflänge möglichst noch zur Vorfach-Straffung mit verwenden. Dadurch wird dann die Gesamtlänge des Vorfachs um etwa 30 cm verlängert. Die Einhängeöse für die Fliegenrutenköder muß also deshalb am untersten Griffende montiert werden. Die einfachste Art ist wiederum die, von einem langschenkligen Einfachhaken der Größe 2 bis 5 den Hakenschenkel dicht vor dem Hakenbogen abzuzwicken.

Ob das Hakenöhr vorher schon abgewinkelt war oder erst jetzt von uns mit einer Flachzange abgewinkelt wird, ist ziemlich gleichgültig. Es wird aber auf jeden Fall mit Sekundenkleber, dicht links vom unteren Rollenhalterring, bei vorheriger Losschraubung und Lockerung der Griff-Abschlußkappe, zwischen dieser und dem Endteil des Fliegenrutengriffs eingeklebt.

Und so sieht die am Ende des Fliegenrutengriffs, zwischen Abschlußkappe und Griffende eingeklebte Einhängeöse aus.

Eventuell muß sie mit der Flachzange noch ein wenig »flach nach vorn« abgewinkelt werden. Selbst großhakige Streamer sind dort leicht ein- und wieder auszuhaken.

172

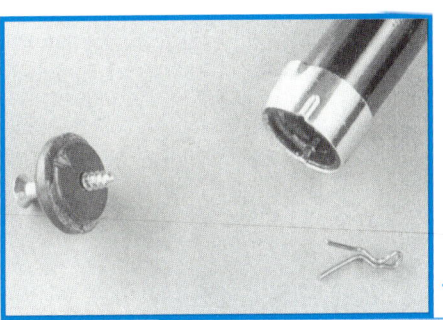

173

Neben der schon oben angeführten Verlagerung der Einhängeöse an das Rutenende, gibt es noch eine weitere Möglichkeit, das Fliegenvorfach zu verlängern. Wir schrauben dazu erst einmal den Abschlußdeckel des Fliegenrutengriffes ab und biegen dann, aus 1 – 1,2 mm starkem Stahl-

Einhängeöse am Rutenende

139

draht die rechts unten im Bild ersichtliche Spezial-Drahtöse zurecht. Sie muß genau in die Höhlung am Griffende hineinpassen, und wenn man den Abschlußdeckel wieder aufschraubt, muß die Einhängeöse links neben dem unteren Rollenhalterring über diesen schräg nach vorn hinausschauen. Wenn wir die Öse ge-

nau zurechtbiegen, bleibt sie im eingeschraubten Zustand bombenfest zwischen der Abschlußkappe des Fliegenrutengriffs und dem Griffende verankert.

So sieht sie aus, wenn sie fertig montiert und hier ein Streamer eingehängt ist. Selbst ein größerer Streamerhaken ist in die kleine Einhängeöse noch bequem ein- und bei Bedarf auch wieder auszuhängen.

Erstrebtes Ziel eines jeden versierten Fliegenfischers ist es, daß die miteinander verknotete Verbindung zwischen Vorfachende und Fliegenschnur bzw. zwischen Fliegenschnurende und Backing-Anfang so klein und schlüpfrig ist, daß beim Durchgeschossen-Werden des Backings in einen besonders weiten Vorwurf bzw. beim rasanten Durchgezogen-Werden dieser Schnurverbindung während des Drills eines besonders großen und recht temperamentvollen Fisches, dieser Knoten, ohne in der engen Rutenberingung anzuhaken, durch diese hindurchgleitet.
Der Verbindungsknoten muß also besonders stromlinienförmig sein, damit dieses Ziel erreicht wird.
Eine besonders zu empfehlende Verknotung ist die folgende: als Backing benutzen wir dabei keine harte und eigenstarre Monofilschnur, sondern eine weiche, geflochtene Dacron- oder Nylonschnur (Meeres-Angelschnur), deren vorderes Ende, auf etwa 5 – 6 cm Länge, mit einer dicken Stopfnadel etwas auseinander-

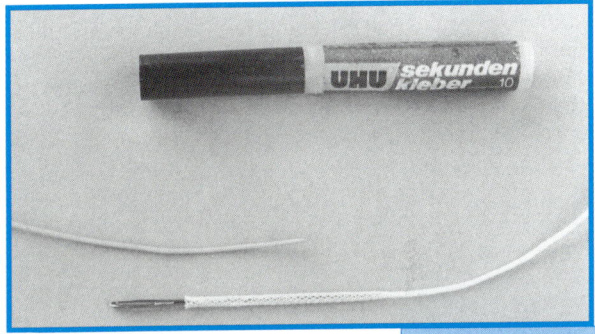

175

gedrückt wird. Das Fliegenvorfach- bzw. Fliegenschnurende schneiden wir mit einer blitzscharfen Rasierklinge möglichst spitz zu.

Rutschfreudige Fliegenschnur-Backing-Verbindung

Dann wird dieses zugespitzte, ziemlich steife Schnurende mit Sekundenkleber befeuchtet und nun blitzschnell dort in das Backing-Ende eingeschoben, wo wir kurz vorher die dicke Aufweitungs-Stopfnadel herausgezogen haben. Beide Schnurenden werden kurz rollend fest zusammengepreßt. Dann müssen die Finger sofort von der Klebestelle weggenommen werden, damit sie an ihr nicht festkleben und nur mit Hautverletzungen wieder gelöst werden können!

Und so sieht die Verklebungsstelle aus, wenn sie fertig ist. Wenn wir dann noch ein Übriges tun wollen, können wir die Kante des übergreifenden Backings entweder mit einer Rasierklinge ganz, ganz vorsichtig zuspitzen bzw. Abflachen oder durch Hinzufügen von etwas Sekundenkleber ausfüllen und auf diese Art zuspitzen.

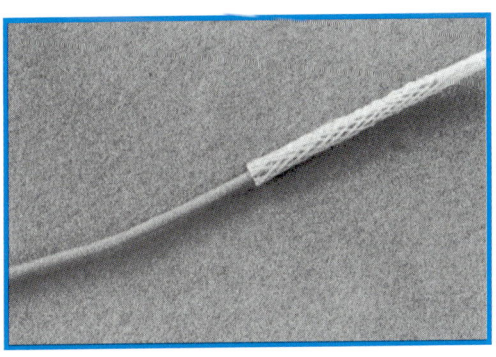

176

Man läßt die Schnurverklebungsstelle etwa zwei Tage trocknen. Sie hält dann bombenfest zusammen, läßt sich leicht durch die enge Fliegenrutenberingung bewegen, entweder beim Einziehen einwärts oder beim Hinausgezogen-Werden bzw. beim Einschießen in den Vorwurf nach draußen.

Eine besonders zugfeste Verbindung der obigen Schnurteile ist dann zu empfehlen, wenn wir auf besonders große Meerforellen, Lachse oder Hechte angeln. Dann kann diese Schnurverknotung schon über das normale Maß hinaus in Anspruch genommen werden. Und dieser Möglichkeit muß man eben vorbeugen.
Nach seiner Fertigung sollte dieser Verbindungsknoten ebenfalls rutschfreudig durch die enge Beringung der Fliegenrute gleiten.
Um die Schnurverschlingungen im besseren Kontrast zeigen zu können, wurden die Monofilschnurteile, also das Ende des Fliegenvorfachs bzw. das des Backings in dunkler Farbe und das jeweilige Fliegenschnurende in weißlicher Farbe gehalten. Die dunklen Schnurteile stellen also entweder das dicke Ende des Fliegenvorfachs oder das vordere Ende des Backings dar.
Zur Fertigung dieses Schnur-Verbindungsknotens benötigen wir

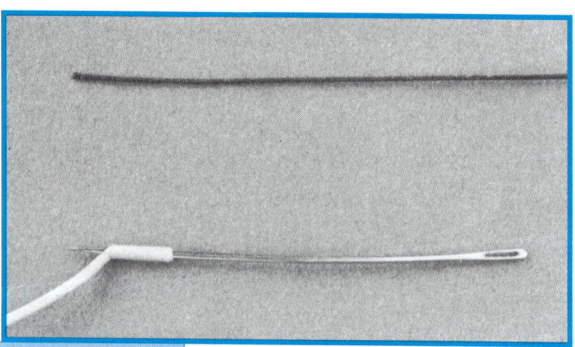

177

Besonders zugfeste Fliegenschnur-Backing-Verbindung

wieder eine, diesmal allerdings nicht allzu dicke, sondern mitteldicke und besonders spitze Stopfnadel. Wir stechen sie genau in der Mitte des vorderen bzw. hinteren Fliegen-

142

schnurendes ein, schieben sie, immer wieder leicht drehend, etwa 2–3 cm weit durch diese hindurch und dann seitlich heraus. Die Nadel kann bei diesem Durchstechen und späteren völligen Durchschieben durch die Fliegenschnur ganz, ganz leicht eingefettet werden, entweder mit einem Tropfen Haushaltsöl oder noch besser mit etwas Fliegenfett. Die Nadel rutscht dann besser durch die feste Masse der Fliegenschnur durch.

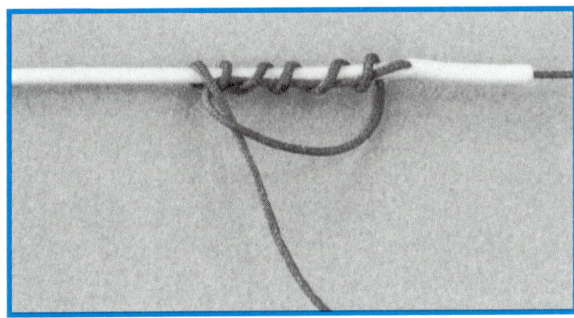

178

Dann machen wir den aus obenstehendem Foto klar ersichtlichen Schlaufen-Knoten. Wir führen dazu die im Fliegenschnurteil durchgezogene Monofilschnur nach vorn, unten, hinten und oben in eine große, nach unten hängende Schlaufe und winden dann die Schnur, deren oberen Schlaufenteil wir mit der Fliegenschnur dicht und fest zusammenhalten, um diese beiden Teile 5–6 Mal herum. Anschließend wird der Knoten vorsichtig zusammengeschoben bzw. -gezogen, bis er die kleine ringschlüpfrige Form hat,

179

um die enge Fliegenruten-Beringung auch reibungslos und blitzschnell passieren zu können. Die Verknotungsstelle kann zusätzlich noch einige Male mit farblosem Rutenlack überpinselt werden. – Und wie dieser Knoten dann durch die enge Beringung rutscht!

Probleme mit der Aufbewahrung des Shooting Heads (Fliegenschnur-Kopf, 9 m lang) und anschließenden Backings wird es in Zukunft nicht mehr geben, da man beide in einer »eingekapselten Stationärrolle des Rundschlitz-Typs« aufbewahren kann, und zwar in ihrer gesamten Länge, wenn sie nicht gerade gebraucht werden oder wenn sie in Gebrauch sind und ein vor dem Angler auf sperrigem Boden ausgelegtes Backing sich auf dem Boden nur verhängen würde.

Man kann also den Shooting Head in seiner Gesamtlänge + 1 m Backing, wie es üblich ist, ohne weiteres in der Luft hin- und herschwingen und dann im geeigneten Moment, die für den optimalen Wurf benötigte Schnurlänge an Backing »direkt von der Rolle« in den Vorwurf »einschießen«!! Ein Schnurauslegen auf sperrigem Boden entfällt damit vollkommen.

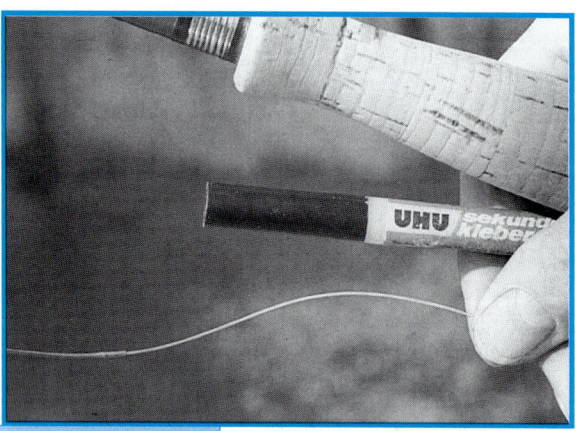

180

Backing sowie Shooting Head in Kapselrolle aufbewahren

Hier wurde die monofile Backing-Schnur ebenfalls, wie schon weiter oben beschrieben, mit Sekundenkleber in das vorher zentral mit einer mittel-dicken Stopfnadel aufgeweitete Shooting-Head-Ende eingeklebt. Die Verbindungsstelle, die überaus zugfest und haltbar ist (links unten vom Kleberröhrchen), ist wirklich minimal klein und rutschfreudig. Sie rutscht nicht nur glatt und reibungslos durch die kleine Fliegenruten-Beringung, sondern auch den Rundschlitz der Kapselrolle!

144

Klein, glatt, schlüpfrig und rutschfreudig ist der Übergangs-Knoten. Gleich wird er in den Rundschlitz der Rolle hinein-rutschen.

181

Und da rutscht er auch schon ohne jede Be-hinderung dem Backing nach. Er wird ohne jedes Problem vom Halte-zapfen des Trommelkopfes erfaßt und bis zum Ende nach-gezogen.

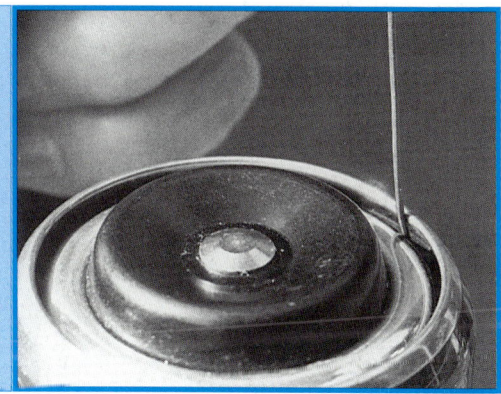

182

Die Gesamt-Schnurfüllung der Trommel dieser Rolle sollte man so bemessen, daß man zuerst einmal den Shooting Head auf die Trommel aufwickelt und dann soviel Monofilschnur eines Durch-messers von 0,40–0,45 mm darüber, bis die Trommel optimal gefüllt ist.

Dann spult man beide Schnüre wieder ab und dreht sie um, d.h. wickelt jetzt zuerst die Monofilschnur wieder auf den Trommelkern und dann, mit dem richtigen, oben gezeigten Knoten, den Shoo-ting Head darüber. Jetzt ist die Trommel unserer Kapselrolle opti-mal mit den beiden miteinander verbundenen Schnüren gefüllt.

145

Anleitung zum Bau von Sonderködern und abgeänderten Ködern

Wie schon weiter oben erwähnt, können sich Fische, auch Salmoniden, so an ihnen von Spaziergängern beständig zugeworfene Nahrungsbrocken wie z.B. Semmelbrocken gewöhnen, daß sie zumindest in diesen Gewässerregionen zur üblichen Tageszeit (Spaziergängerzeiten) keine anderen, auch noch so verlockenden Köder mehr annehmen. Es kann sich dabei z.B. um einzelne, unterhalb einer Brücke stehende Großforellen handeln oder um Stege bzw. gewässernahe Spaziergängerwege, in deren nahen Gewässerpartien ganze Fischgruppen auf diese Zuwerf-Köder geeicht sind.

Und wenn man dann dieses Gewässer nur mit der künstlichen Fliege befischen darf und kein größerer Fisch anbeißen will, dann überwältigt uns doch mit der Zeit der Kummer!

Die Lösung für einen anbißverschaffenden Köder heißt ganz einfach: »Semmel-Fliege«! Wir müssen uns nur ein künstliches Gebilde schaffen, das zwar noch unter künstliche Fliegen fällt und somit legal ist, das aber in seiner Erscheinungsform eher einem Semmelbrocken gleicht und nicht wie üblich behutsam und zart aufs Wasser aufgesetzt, sondern so richtig Wellen werfend auf die Wasseroberfläche »aufgeklatscht« wird! Und tatsächlich, das ist möglich.

Wir können dazu eine alte, schon arg zerzauste, größere Trockenfliege der Größe 12 benutzen oder an einem Haken der Größe 10–12 vorn einen Hechelkranz aus semmelfarbenen Federchen binden.

183

Die Semmel-Fliege

Dann feilen wir die Hakenspitze noch einmal blitzscharf zu und spießen nun nur noch einen weißliches bis

semmelfarbenes Stückchen Schaumgummi auf den Haken, den wir vorher noch mit etwas Klebstoff bestrichen haben.

Das Schaumgummistückchen wird mit einer kleinen und scharfen Schere noch »zurechtgeschnitten«, mit kleinen Lücken, Scharten, Kanten und dergleichen versehen, so daß es eben wie ein kleiner losgerissener Brotbrocken aussieht. Dann wird es noch mit »wasserfesten« Filzstiften in bräunlichen Tönungen semmelartig-farben betupft. Die oben liegende Rindenstelle bekommt einen dunkleren Anstrich.

Läßt man diesen Köder dann an den Spaziergänger-Fütterungs-Plätzen oder -Strecken laut und vernehmlich sowie kleine Wellen werfend aufs Wasser aufklatschen, der Schaumgummi sollte sich schon vorher voll Wasser gesogen haben, dann braucht man auf einen vehementen Anbiß nicht allzulange zu warten!

Dieser Köder läßt sich übrigens nicht nur auf Salmoniden, sondern auch auf alle anderen oberflächen-orientierten Fische, wie z.B. große Döbel oder Alande, manchmal sogar Karpfen, verwenden!

Daß sich so mancher Fisch, nicht nur Salmoniden, gerne auf Heuschrecken stürzt, ist zumindest den erfahrenen Anglern schon lange bekannt. Echte darf man jedoch nicht verwenden, zumindest an Gewässern, die nur mit künstlichen Ködern befischt werden dürfen. Bleibt uns also nur der künstliche Heuschreck, über den wir oft nicht verfügen, da er daheim vergessen, unterwegs verloren oder irgendwo abgerissen wurde. Also heißt es,

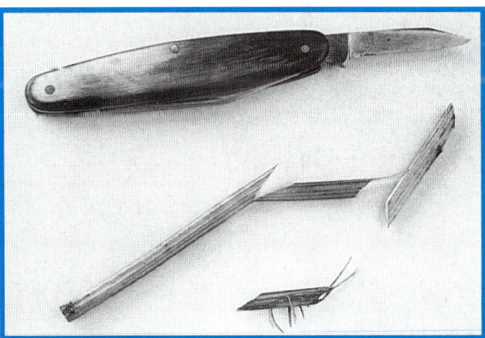

184

Notköder »Stengel-Heuschreck«

sich möglichst schnell selbst einen am Wasser zu basteln, auch wenn wir kein eigenes Fliegenbinde-Döschen dabei haben!

Wir basteln uns diesen gerade erwünschten Köder aus einem vertrockneten Pflanzenhalm, mit einem Durchmesser von etwa 3–5 mm und außen möglichst mit längsverlaufenden wulstartigen Erhebungen.

Mit einem scharfen Taschenmesser schneiden wir ein etwa 3–4 cm langes Stück des Pflanzenhalmes ab, vorn etwas steiler und hinten etwas flacher. Der vordere Schnitt fängt auf der späteren Unterseite an, ist oben etwas nach außen gerichtet und geht nicht ganz durch. Ziehen wir nun den Körper vorsichtig nach vorne und oben ab, so bildet sich eine Art Lasche für die später noch zu formenden Fühler des Heuschrecks. Sie bekommen wir dann, wenn wir mit dem Messer oder einer kleinen scharfen Schere einen länglichen, ganz schmalen Keil aus der Mitte der Lasche herausschneiden und dann die beiden Fühler noch ein wenig seitlich auseinanderbiegen.

Nun ziehen wir noch seitlich unten, in verschiedenen Bahnen, durch steiles Aufsetzen des Taschenmessers und anschließendes vorsichtiges Abziehen der jeweiligen Pflanzenhalmfaser, 4 Beinchen heraus, die wir noch seitlich etwas wegdrücken und schon haben wir die 4 Beinchen des Heuschrecks gezaubert.

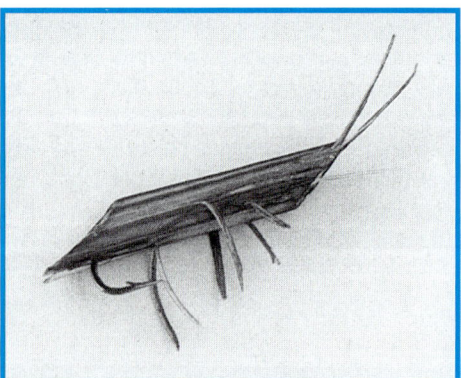

185

Hier unten sehen wir den Stengel-Heuschreck noch einmal in Großaufnahme.

Zur Hakenmontage schieben wir das Vorfach mit einem dunklen Häkchen der Größe 5–8 von vorne her durch den Körper des Heuschrecks und drücken dann, bei leichter Straffung des Vorfachs, den Haken auf der Unterseite des Köders nach außen. Fertig. Anhieb immer kräftig und sofort setzen!

148

Aus farbigem Verpackungs- bzw. Schleifenband, das in allen Farben im Papierhandel preiswert zu haben ist, lassen sich schnell recht wirksame Streamer oder Makrelen-Fliegen basteln.

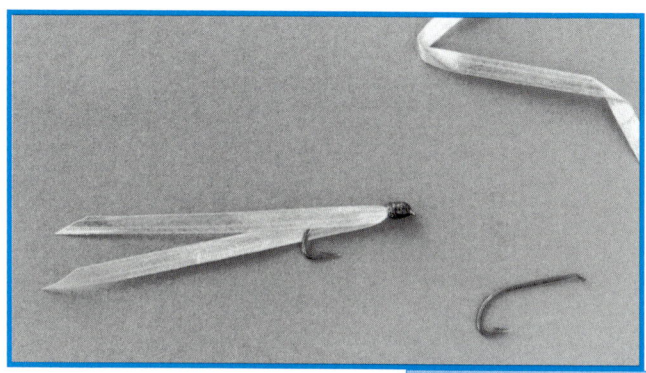

186

Wir brauchen dazu nur 10–14 cm lange Stücke des Bandes abzuschneiden, in der Mitte zu knicken und dann mit seiner Knickstelle vorn, hinter dem Hakenöhr *Streamer oder Makrelen-Fliege aus farbigem Verpackungsband* eines langschenkligen Hakens der Größe 1/0 bis 4 mit schwarzem Zwirn festzubinden und zu lackieren.

Entweder wird dieser Köder als reiner Streamer benutzt und dann entsprechend montiert, ausgeworfen und geführt. Oder aber man montiert ihn zu mehreren Exemplaren an kurzen Seitenzweigen, in Paternoster-Montage an eine Makrelenangel und führt ihn in der üblichen Pilker-Führung, d.h. in steilen Auf- und Ab-Bewegungen.

»Aufsteiger-Nymphen« haben schon so manchen versierten Fliegenfischer getäuscht! Die vor einem auf dem Wasserspiegel erscheinenden »Ringe« stammen dann nämlich nicht von an der Wasseroberfläche Insekten einsammelnden Fischen, sondern von dicht unter der Wasseroberfläche nach gerade aufsteigenden Nymphen jagenden. Wenn die Spitzen ihrer Rückenflossen das Wasser durchbrechen, bilden sich diese täuschenden Ringe, die uns so in die Irre führen!

Würde der Fliegenfischer in diesem Fall ganz flach unter dem

Wasserspiegel mit »Aufsteiger-Nymphen« fischen, dann bräuchte er den andauernden Mißerfolg nicht mehr durchzustehen und könnte mit voller Tasche wieder heimfahren!

187

Aufsteiger-Nymphen

Um Aufsteiger-Nymphen vorzutäuschen, benutzen wir unsere ganz normalen Nymphen aller Arten, denen wir vorne über das Hakenöhr nur eine kleine, innen etwas ausgehöhlte Haube aus Styropor überstülpen und ankleben.

Dieses winzige Styroporhäubchen bewirkt, daß die Nymphen in schräg nach oben gerichteter Lage knapp unter der Wasserober-fläche abtreiben und daher von den Fischen für die bewußten Nymphen gehalten und auch genommen werden!

Die Styroporhäubchen kann man natürlich mit »wasserfestem« Filzschreiber noch etwas dunkler und natürlicher einfärben. Da sie von den Fischen aber meist steil von schräg unten gegen den hellen Himmel gesehen werden, erscheinen ihre die weißen Häub-chen sowieso immer in dunkleren Tönungen.

Eventuell mitgenommene Ersatz-Häubchen lassen sich übrigens gut, auf einer Nadel aufgespießt, in einer kleinen Köderschachtel mitführen.

150

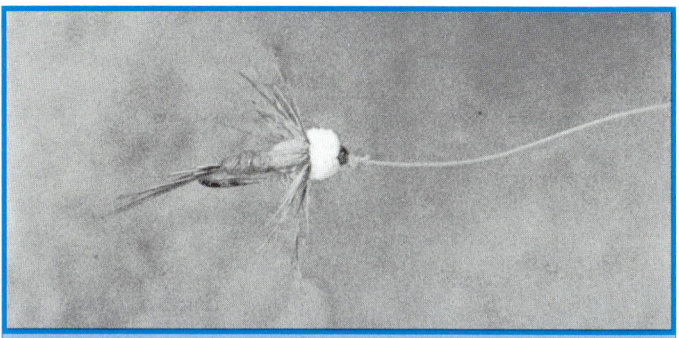

188

So sieht die künstliche Aufsteiger-Nymphe im Wasser aus. Ihre hintere Hälfte hängt leicht nach unten. Jedes kleine Zupferchen mit der Gertenspitze läßt den Köder leicht und verführerisch erzittern. Der Anbiß erfolgt ziemlich schnell und vehement.

Sofern an einem Gewässer auch die Verwendung natürlicher Köder erlaubt ist, wir aber gerade mit der Fliegenrute fischen und an diesem heißen Sommertag so absolut gar nichts anbeißen will, gibt es für unsere Erfolgsleiter doch noch einen letzten Hoffnungsschimmer!

Nämlich den, eine Nymphe mit »Natur-Duft« anzubieten.

Wir hängen dazu nur an unsere wie üblich montierte Nymphe ein winziges Wurmstückchen, ein echtes Flohkrebserl oder eine kleine Fleischmade.

Und schon wird der künstliche Fliegenköder von einer natürlichen Duftwolke umgeben sein und den Fischen erheblich begehrenswerter erscheinen!

189

Nymphe mit »Natur-Duft«

151

Fischen wir gerade mit üblich-großen Streamern und erblicken nun im Wasser plötzlich einen größeren Huchen, Hecht oder Zander und reagieren diese nicht auf unseren angebotenen Streamer, so können wir unseren, den Fischen zu unscheinbar

190

Streamer mit Fensterleder-Schwänzchen

erscheinenden, kleinen Köder blitzschnell in einen größeren und für die Fische jetzt als bejagbar akzeptierten Köder verwandeln.

Wir brauchen dazu nur ein kleineres Fensterlederschwänzchen an den Haken zu hängen und schon erscheint unser bisher zu kleiner Köder »gewachsen« zu sein.

Sehen wir, wie schon eben oben erwähnt, beim Streamerfischen einen unerwartet großen Raubfisch irgendwo stehen,

191

Streamer mit Fensterleder-Streifchen

der unseren angebotenen Köder nicht nimmt, weil er ihm zu klein erscheint, dann läßt sich die bisherige Körpergröße unseres ein wenig

152

zu kleinen Streamers blitzschnell erheblich strecken, wenn wir auf den Streamerhaken ein kleines Schürzchen aus dünnen Fensterlederstreifchen aufspießen!

Man kann diese »Glücksverbesserer« ja immer in seinem Streamer-Schächtelchen mitführen und braucht sie dann nur noch, eventuell dabei sogar im Wasser stehend, an den Köderhaken hinten anzuhängen.

Wollen wir unseren Streamer in einem ziemlich verkrauteten, flacheren und nicht allzu großen Gewässer möglichst verhängungsfrei und oberflächennah sowie laut aufplatschend Zan-

192

der, Hecht und Großbarsch anbieten, dann kleben wir einfach vorne, unter das Hakenöhr oder auf der Hakenbogenseite einen kleinen

Streamer mit Popper-Kopf

vorher aus Holz zurechtgeschnitzten »Popper-Kopf« mit Sekundenkleber an, wie aus dem nebenstehenden Bild ersichtlich. Der Streamer wird dadurch erheblich weniger krautfängig, selbst wenn über reine Krautpartien gezupft wird!

Der Popper-Kopf wird noch seitlich, wie ersichtlich, bemalt. Wird der Streamer jetzt vorwärts bewegt, verursacht der Popper-Kopf laut plätschernde Gluckergeräusche mit einem diesen folgenden Riesen-Schwall. Was könnte schon verführerischer wirken?

Wollen wir mit dem üblichen Fliegengerät und Streamern große Raubfische, wie Zander, Hecht und Huchen beangeln, dann fertigen wir uns diesen »Groß-Streamer« an.

153

Wir verbinden hierzu, wie aus der unteren Hälfte des Bildes zu ersehen ist, zwei große Streamerhaken zuerst einmal dadurch,

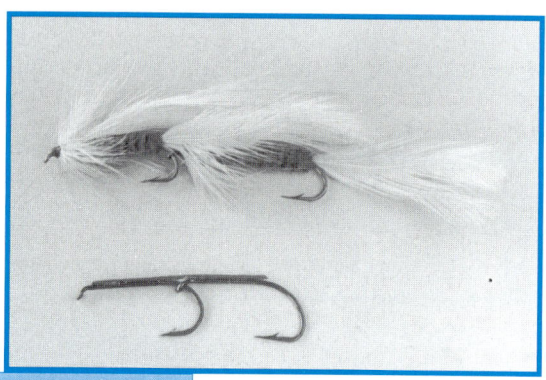

193

Doppelhakiger Groß-Streamer für große Raubfische

daß wir zwei oder drei Haken mit ihren Ösen zusammenklinken. Dann wird oben über die Hakenschenkel noch ein Stückchen dicke Fliegenschnur mit Sekundenkleber darübergeklebt. Und erst auf bzw. über diese Hakenverbindung wird dann der eigentliche Streamerkörper gebunden. Hier mit rotem Chenille-Körper, darüber ein hellgelbes Federkleid.

Der »Radaubruder« ist ein graumelierter bis dunkler oder gar schwarzer Groß-Streamer, der vorn, hinter dem Hakenöhr mit einem zwischen zwei Perlen montierten Propeller ausgestattet ist. Wird dieser Streamer in trüberem bis dreckigem Hochwasser, in mitteltiefen bis flachen Gewässerzonen größeren Raubfischen angeboten, und können die Fische mangels guter Sichtverhältnisse dem Köder nicht schnell und daher auch weit genug folgen, dann bewährt sich der Radaubruder erst so recht!
Er macht beim Vorwärts-Gezupft-Werden mit dem kleinen Propeller so viel »Lärm« im Wasser, daß er dadurch nicht nur weit weg befindliche Fische erst auf den eigentlichen Köder aufmerksam macht und herbeilockt, sondern auf Grund seines Dauerlärms diese dem gesichteten, aber schnell wieder aus den Augen verlorenen Köder auch auf längere Strecken noch sicher folgen läßt.

154

Den kleinen Propeller, dessen Form aus dem nebenstehenden Bild gut zu erkennen ist, montieren wir entweder ganz zu Anfang auf den Streamerhaken, bevor wir mit der Fertigung des eigentlichen Streamerkörpers beginnen, oder aber wir fertigen den Propeller später, schlitzen ihn auf der einen Seite des Mittelloches ein, biegen ihn etwas seitlich auseinander und klemmen ihn vor den etwas zurückzuschiebenden Körper des gekauften oder vorher

194

selbst gefertigten Streamers. Dann biegen wir die Mittellochplatte wieder zusammen und

Der »Radau-Bruder«

festigen sie mit Sekundenkleber. Statt der Perlen verwenden wir in obigem Fall winzige Abschnitte eines kleinen Plastikröhrchens, die wir auch erst schlitzen, dann über den Hakenschenkel klemmen und schließlich mit Kleber wieder zusammenkleben. Fertig.

Führungstaktik für den gesteigerten Fangerfolg

Gesteigerte Fangerfolge erreichen wir oft allein dadurch, daß wir unsere bisherige Führungstaktik, z.B. Nymphen und Streamer, sobald sie in das Gesichtsfeld eines vorher ausgemachten Fisches kommen, in gerader Flucht das Weite suchen lassen, dahingehend ändern, daß wir sie nun in unbeholfenen Fluchten ruckartig vor den ausgemachten Fischen fliehen lassen!

155

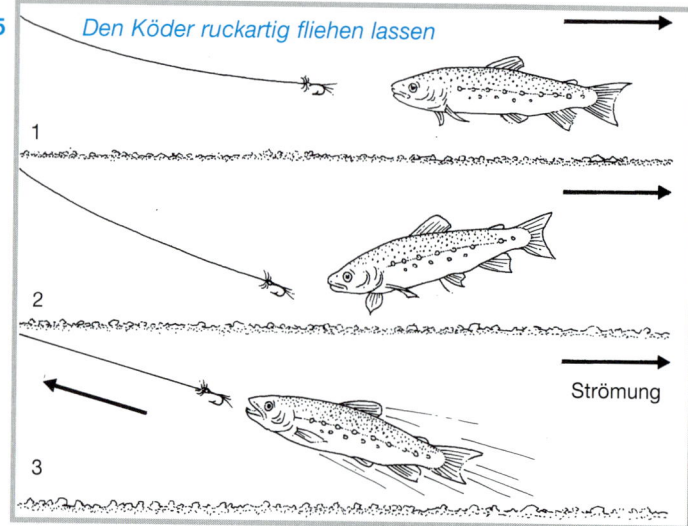

195 *Den Köder ruckartig fliehen lassen*

Strömung

Die Zeichnung läßt die einzelnen Handlungen klar und deutlich erkennen:

1. Die Nymphe treibt von links her auf die große Bachforelle zu.

2. Lassen wir den Köder nun, da er ins Gesichtsfeld der Forelle kommt, kraftlos nach unten absinken, neigt sich die Forelle etwas, um die absinkende Nymphe zu betrachten. Aber sonst unternimmt sie gar nichts. Sie schwimmt also nicht mit aufgerissenem Rachen auf die absinkende Nymphe zu.

3. Lassen wir aber nun die Nymphe, wenn sie ins Gesichtsfeld der Bachforelle kommt, in ruckartigen Fluchten nach oben fliehen, ist die Forelle plötzlich an der Beute interessiert, reißt ihr Maul auf und schwimmt der Nymphe in gesteigertem Tempo nach. Gleich wird sie zuschnappen.

Nützliches Kleingerät

Das Hakenöhr ist mit vertrocknetem Lack verklebt. Um die Fliege dennoch am Vorfach anknoten zu können, muß dieses

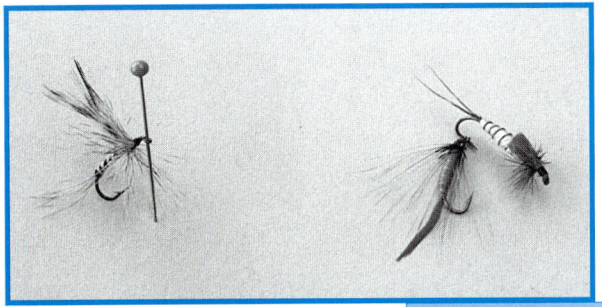

196

zugeklebte Hakenöhr erst einmal wieder freigemacht bzw. durchstochen werden.
Wir können dazu entweder, wie links auf dem
nebenstehenden Foto ersichtlich, eine normale kleine Stecknadel,
am besten mit farbigem Glasknopf, benutzen, mit der wir dann
das Hakenöhr durchstechen und die wir dann zur Aufbewahrung
irgendwo an der Fischerjacke oder der Fliegenweste feststecken
oder in der Köderdose unterbringen.
Wir können aber auch zum Freistechen des Hakenöhrs einfach nur
eine andere Fliege mit besonders scharfer Hakenspitze verwenden, die wir dann von oben her ins Hakenöhr einstechen und dort
ein wenig herumdrehen.

Das Fliegenöhr ist zugeklebt

Wenn der »Streamer«, ein ansonsten hervorragender
Köder, sich bei fast jedem Wurf mit seinem Haken fest im Grund-
kraut oder sonstigen niedrigen Bodenhindernissen festkrallt, und
dann jedesmal zwei Pfund »Salat« mitbringt, dann werden wir all-
mählich sauer und schimpfen recht kräftig auf unseren Köder! Das
muß aber durchaus nicht so sein und enden. Namentlich dann
nicht, wenn wir etwas dickeren Kupfer- oder Bleidraht dabei
haben, was eigentlich immer der Fall sein sollte.
Wir drehen dann nur den Streamerkörper mit dem Hakenschenkel
etwas herum, d.h. soweit, daß die vorherige Oberseite des Streamers nun auf die untere Hakenbogenseite zu liegen kommt.
Nun nehmen wir den Streamer, jetzt mit seinem Haken nach oben
gerichtet, und befestigen den Kupfer- oder Bleidraht, mit zwei
Rundwicklungen am Körperende, kurz vor dem Hakenbogen,

157

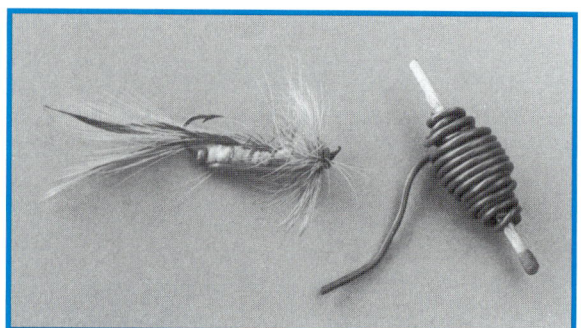

197

Streamer kaum mehr krautfängig

führen ihn am früheren Rücken glatt herauf bis zum Hakenöhr und winden ihn hier endgültig fest. Dann wird er nur noch eng an der Windung abgeschnitten. Längs gerade verlaufend und dicht an den Körper herangedrückt, liegt er eng an diesem an und ist dort kaum zu sehen. Diese kleine Bastelei nimmt nur wenige Minuten Arbeit in Anspruch und kann direkt am Wasser oder sogar im Wasser stehend erledigt werden.

Wird der Streamer nun mit dem Fliegen- oder leichten Spinngerät ausgeworfen und wieder herangeführt, dann wird der Haken immer nach oben gerichtet und nicht mehr krautfängig sein, ja, wir können den Köder sogar direkt über den Krautteppich ziehen, ohne darin hängen zu bleiben!

Tips zum Lösen von Wurfproblemen

Befischt man flachere Gewässer mit ziemlich scharfkantigem Grundgestein und läßt man die eingeholte Fliegenschnur, um sie später in den Vorwurf einschießen zu können, einfach nur nach unten ins Wasser fallen, so besteht die große Gefahr, daß sie sich hinter scharfkantigem Bodengestein festklemmt und bei ungeduldigem Lösen ihre Beschichtung verletzt wird.

Bei einer »Naß-Schnur« macht das ja weiter nichts aus. Sie sinkt dann nur noch um so besser, tiefer und schneller, was sie ja ohnehin soll.

Bei einer Trocken-Schnur kann aber eine Schichtverletzung böse Folgen haben. Sinkt sie, anstatt auf dem Wasser möglichst hoch zu schwimmen auf ihren vorderen Teilen ab, dann wird sie für uns unbrauchbar und muß gegen eine neue ausgewechselt werden. Und das kann ziemlich teuer werden!

Hier auf der Großaufnahme ist klar und deutlich zu sehen, wie tief die Fliegenschnur bereits unter das scharfkantige Gestein getrieben worden ist. Sie wird dort nur noch mit Geduld und Vorsicht unbeschädigt zu befreien sein.

197a

197b

159

Vermieden wird dieses Treiben der Schnur unter scharfkantiges Gestein, wenn man die gerade eingeholte Fliegenschnur in »lockeren Schnurklängen« über die Finger der linken Hand hängt.

Und so wird es gemacht. Jeden neuen Klang, den man gerade eingeholt hat, klemmt man einfach zwischen Zeige- und Mittelfinger der linken Hand. Bei mehreren Klängen hängt man die Schlaufen übereinander.

1

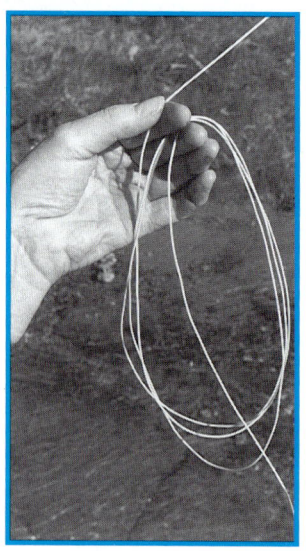

197d

Die zwischen Daumen und Zeigefinger »fest eingeklemmte« Schnur, die hier auf dem Bild nach oben führt, ist die stets ganz fest zu haltende Gebrauchsschnur.

Das locker, hier auf dem Bild nach unten rechts führende Schnurende, ist der vor unserem Körper zur Fliegenrolle hinaufführende Schnurteil. Soll die Schnur bei den folgenden Leerwürfen »verlängert« werden, können wir die dazu benötigten Schnurschlaufen gleich von unserem in der Hand gehaltenen Schlaufenbündel nehmen. Das glei-

160

che gilt für den Fall, daß die restliche Schnurlänge zur Schnurverlängerung in den Vorwurf »eingeschossen« werden soll!

Übrigens gilt das hier Gesagte auch für den Fall, wenn wir von einem sehr struppigen, dicht grasverwachsenen Ufer aus fischen. Auch dort kann sich die Fliegenschnur beim bloßen Fallenlassen in struppigem, eventuell dornenverwachsenem Bodengestrüpp verhängen und beim mühevollen Lösen in ihrer Beschichtung verletzt werden.

Halten wir dagegen die eingeholte Schnur in lockeren Klängen in der linken Hand, dann wird die ganze Festhängegefahr gebannt und jegliche Schnurverletzungsgefahr vermieden!

Anleitung zum Behelfs-Fliegenfischen mit dem »Tiroler Hölzl«

Der beim Behelfs-Fliegenfischen mit dem Tiroler Hölzl am Ende der Schnur montierte Unterwassergleitkörper kann aus verschiedensten Materialien bestehen, z.B. aus Holz, Kork, Plastik und anderem mehr. Hier handelt es sich um eine beschädigte Balsaholz-Pose. Ihr Kopf ist abgebrochen. Entweder kleben wir ihn mit Sekundenkleber wieder fest, oder, noch besser, wir schneiden ihn sauber ab und feilen dann die Oberfläche der Pose wieder rundlich zurecht. Dann wird das Oberende entsprechend eingefärbt und farblos zwei Mal lackiert.

Nun wird, wie aus der Zeichnung zu ersehen ist, eine Loch-Bleikugel (Ø 8–9 mm) auf die Drahtstange aus normalem Eisendraht montiert und diese dann mit ihrem geraden Ende, von unten her, durch die Pose nach oben geschoben, wo dann noch eine kleine Einhängeöse angebogen wird. Das Drahtende wird eng abgekniffen. In diese Einhängeöse wird dann später der Einhängewirbel der Angelschnur eingeklinkt.

Die Montage der zum Hölzl-Fischen benutzten Angelgeräte ist der unteren Hälfte der nebenstehenden Zeichnung zu entnehmen.

Der Unterwassergleitkörper, hier die abgebrochene und umgearbeitete Pose, wird in den Einhängewirbel der Angelschnur (Ø 0,30–0,35 mm) eingeklinkt. Jeweils etwa 40 cm darüber und voneinander getrennt zerschneiden wir die Angelschnur zweimal

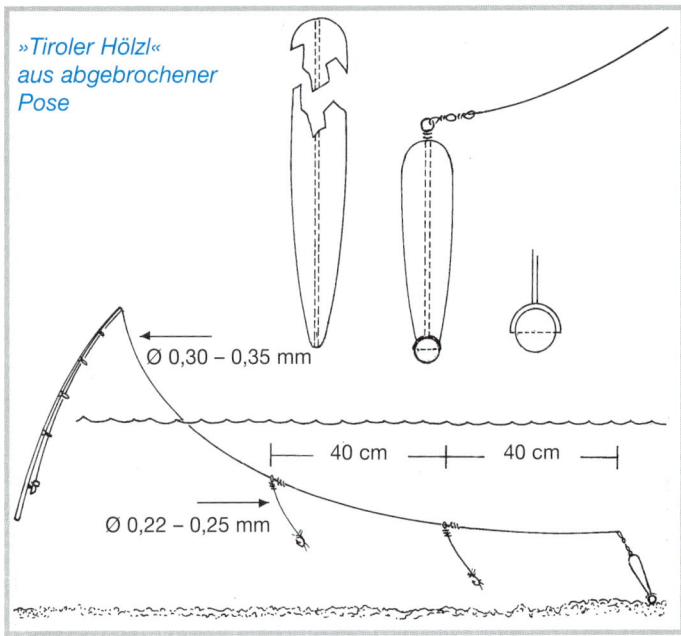

*»Tiroler Hölzl«
aus abgebrochener
Pose*

Ø 0,30 – 0,35 mm

40 cm   40 cm

Ø 0,22 – 0,25 mm

198

und knoten sie dann wieder fest zusammen. So, daß wir an diesen Stellen zwei unverrutschbare Knoten bekommen. Dann werden, hier links auf der Zeichnung, oberhalb der Knoten zwei etwa 10–15 cm lange Seitenzweige (Ø 0,20–0,25 mm) an der Hauptschnur angeknotet, an deren Enden wir zwei dunkelfarbene Nymphen der Größen 12–18 befestigen.

Das »Tiroler Hölzl« wird meist in tieferen und strömungsreichen Fließgewässern, meist großen Voralpenflüssen, benutzt. Man wirft es schräg stromauf ein, läßt es bis auf den Grund absinken und dann von der Strömung über den meist grob kiesigen Boden dahinholpern. Das unten befindliche Bleigewicht rutscht über das Gestein dahin, während der mit starker Auftriebskraft ausgestattete Oberteil des Hölzls, in ziemlich aufrechter Stellung von der Strömung hin- und hergewackelt wird. Die Nymphen zucken dabei ebenfalls hin und her und werden so den Fischen äußerst attraktiv vorgeführt!

162

Der Anbiß macht sich immer durch einen gewaltigen Ruck bemerkbar. Ein eigens gesetzter Anhieb erübrigt sich. Das straffe Schnurhalten reicht vollkommen aus!

Dieses »Tiroler Hölzl« fällt den Fischen selbst bei klarem Niedrigwasser am wenigsten auf, ist sehr widerstandsfähig, hat eine große Schwimm- und Auftriebskraft und ist auch am billigsten herzustellen.

Wenn das Aststück noch ein wenig krumm und verbogen ist und die ganze Rinde dran hat, dann erscheint es am natürlichsten. Wir schneiden es oben zunächst glatt ab, damit keine schon ange-

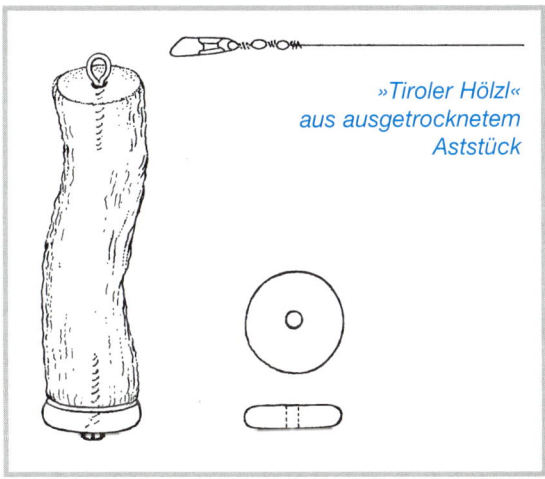

»Tiroler Hölzl« aus ausgetrocknetem Aststück

199

faulte Stelle verborgen bleibt. Dann werden später oben seitlich noch die Schnittkanten rundlich zugefeilt. Oben in seiner Mitte drehen wir eine winzige Ringschraube ein – als Einhängeöse.

Die Unterseite des Aststückchens schneiden wir ebenfalls glatt ab, spitzen sie aber später nicht weiter zu. Hier wird dann mit einer dünnen Holzschraube eine vorher breitgeklopfte Loch-Bleikugel (Ø 8–10 mm) festgeschraubt. Das ist alles.

Für jeden etwas

Nützliches Kleingerät

Nützliches Kleingerät gehört oft gar nicht zum Angelgerät im engeren Sinne. Es kann sich dabei um irgendwelche kleinen Gegenstände handeln, die dem Angler, welche Angelart er auch gerade ausübt, nicht nur beim eigentlichen Angelvorgang selbst, sondern auch bei den Vorbereitungen hierzu, bei der Gerätepflege oder bei Geräteverbesserungen so manchen Ärger ersparen helfen.

Das Selbstanbinden von Rutenringen z.B. an eine zu überholende Angelgerte war für viele Angler immer schon problematisch. Vom Fixieren der Ringe an der richtigen Gertenstelle, um sie dann dort anzubinden, wollen wir gar nicht einmal reden. Denn nun kommen erst die einzelnen Tücken. Mit womöglich unruhigen Fingern soll nun lückenlos Faden neben Faden gelegt werden. Und dann, vor allem, der Übergang vom ebenen Rutenkörper zum erhöhten Ringfußanfang. Hier rutscht der Faden immer wieder ab, wenn die Fadenwicklungen nicht von der richtigen Seite her begonnen werden. Doch mit kleinen Tricks geht alles wie von selbst.

Wenn bei einer älteren Steckrute die Verhülsungen zu klappern anfangen oder gar einzelne Rutenteile immer wieder aus den Verhülsungen herausrutschen, dann geht das einem schon arg auf die Nerven.

Daß man winziges Kleingerät, wie z.B. Wirbel, Springringe, Stopper, Loch-Bleie und dergleichen auf Sicherheitsnadeln unterbringen kann, habe ich schon öfter erwähnt. Daß man aber das Fassungsvermögen der üblichen Sicherheitsnadeln verdoppeln oder gar verdreifachen kann, also auf ihnen erheblich mehr Kleingegenstände als früher unterbringen kann, wird so mancher Angler als sehr nützlich empfinden.

Sehr praktisch sind auch Hakenlöser, Spitznadeln und dergleichen, wenn sie fest im Körper eines älteren Kugelschreibers untergebracht werden.

Kleinstgerätebehälter lassen sich sehr gut aus Orchideenröhrchen herstellen.

Wie lästig fällt es uns doch immer wieder, wenn wir von praktischen Plastikschächtelchen, die im Haushalt anfallen, oder in denen wir Kleingeräte gekauft haben und die wir nun für anderes Gerät benutzen wollen, noch mit Firmen- oder Preisschildern beklebt sind, die sich absolut nicht herunterkratzen lassen wollen. Wir bekommen sie kaum herunter, und wenn überhaupt, dann nur mit großer Mühe, wobei der zähe Klebstoff alles verschmiert. Kein Problem mit dem hier empfohlenen Trick!

Beim Angeln mitgeführte Haus- oder Autoschlüssel, wichtige Dokumente wie z.B. Ausweis und Führerschein, Fischkarte und anderes mehr und die kleine Kamera sollten immer verlust- und beschädigungsgeschützt untergebracht werden.

Wichtiges Kleingerät, wie z.B. Zange, Schere, Hakenfeile, Ködernadeln und dergleichen finden wir schnell und mühelos wieder, wenn sie uns ins hohe Gras oder auf den Boden fallen sollten und wir sie vorher mit einem Klebestreifen in Signalfarben versehen.

Wertvolles Klein- oder Groß-Angelgerät kann uns bei Verlust von einem ehrlichen Finder nur dann zurückgeschickt werden, wenn wir unser Gerät vorher mit einem kleinen Adreßschildchen versehen, das gegen Wassereinfluß mit Tesafilm überklebt wurde. Daraus haben sich übrigens schon die dauerhaftesten Freundschaften ergeben!

In speziellen Döschen für »allgemeines Notbesteck« lassen sich z.B. Klebeband, Sicherheitsnadeln, Perlen, Stopper, Flickzeug für die Gummistiefel und noch vieles andere mehr unterbringen.

In einem speziellen Döschen für »Erste Hilfe« bringen wir dann z.B. Mullbinden und die dazu notwendigen Verschlußklammern, Watte, Jod, Schmerztabletten und eine kleine saubere Schere und ein ebensolches besonders scharfes Messer, Rasierklingen, eine spitze Nadel und noch vieles andere mehr unter. Verletzungspflaster dürfen dabei natürlich nicht fehlen, und damit alles sehr sauber bleibt, wickeln wir alles vorher noch in ein sauberes kleineres Taschentuch ein.

Hakenanbinden kann übrigens nicht nur zum Problem werden, sondern auch in den unterschiedlichsten Varianten ausgeführt werden. Dabei können die Schnurbindungen am Hakenschenkel größenmäßig verstellbar oder mit weichem Puffer erfolgen.

Die Geländekarte hilft uns an fremden Gewässern oder größeren Seen, schnell fangträchtige Angelstellen zu finden oder Hänger zu vermeiden.

Die Fertigung der unterschiedlichsten Stopper kann direkt zur Wissenschaft werden. Das Hakenlösen übrigens auch, wenn sich gerade ein Angelhaken in den Stoff unserer Jacke, Hose oder in unsere eigene Haut gebohrt hat! Wir sollten aber auch wissen, wie wir den Angelhaken schnell wieder aus dem zähweichen, knorpeligen Maul eines Fisches lösen können, damit wir diesen, wenn zu klein oder gerade in Schonzeit befindlich, schnell wieder lösen und ins Wasser zurücksetzen können!

Köderfisch-Reusen kann man nicht nur aus großen Plastikflaschen, sondern auch aus 1-Liter-Kaffee-Gläsern herstellen.

Anleitung für den Bau nützlicher Kleingeräte

Das saubere, »lückenlose Selbstanbinden von Rutenringen« an eine zu überholende Angelgerte ist immer schon sehr schwierig für viele Angler gewesen. Namentlich der steile, und dies auch noch gewölbtansteigende Übergang des äußeren Ringfußes zur flachen Rutenoberfläche birgt dabei so manches Problem in sich. Wie man es auch anstellt, hier droht die Bindeseide immer wieder nach unten abzurutschen und die vorherige, lückenlose Fadenwicklung durcheinanderzubringen.

Haben wir den Schnurlaufring an seiner einen Fußseite mit Tesafilm an der richtigen Stelle der Rute befestigt, beginnen wir mit der straff sitzenden Fadenwicklung immer von außen, hier von rechts her. Erreicht man dann den gewölbt steil ansteigenden

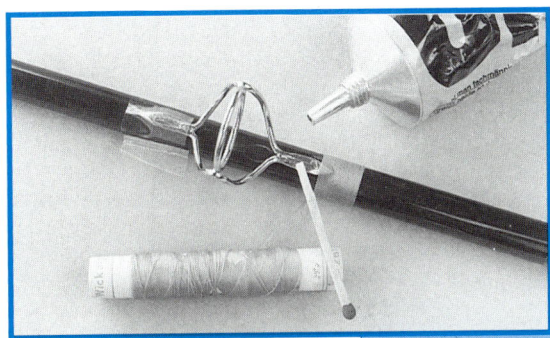

200

Ringfuß an seinem vordersten Ende, beginnen die eigentlichen Probleme. Um zu verhindern, daß der Faden irgendwie zurückrutscht, betupfen wir den Ringfußanfang erst mit einer

Saubere Faden-entwicklung beim Ringanbinden

Winzigkeit Alleskleber, den wir dort auch noch fein verreiben und etwas trocknen lassen. Erst jetzt vollenden wir unsere Fadenwicklung, über den gewölbten Ringfußanfang hinauf bis zum eigentlichen Schnurlaufring. Hier wird der Faden dann mit einer knotenlosen Bindung untergezogen.

Wenn die Verhülsungen einer älteren Angelrute zu klappern anfangen, oder gar ein Rutenteil aus dem anderen herausrutscht, dann ist es höchste Zeit, um diese Stelle des ewigen Ärgernisses zu reparieren. Und das ist auch nicht weiter schwer. Auf dem nebenstehenden Bild sehen wir, was wir anfangs zur Reparatur alles brauchen. Wichtig ist die kleine Zange mit der Hohlkerbe, damit

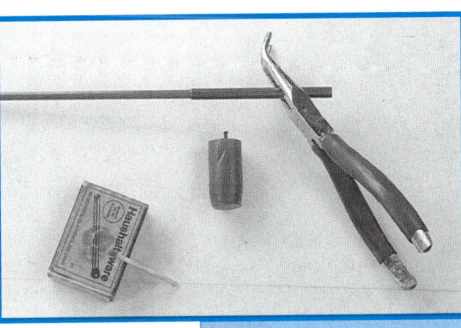

201

Wenn die Hülsen klappern

167

uns die damit einmal erfaßte Hülse nicht davonrutscht, namentlich nicht, wenn sie über der Kerzenflamme sehr heiß geworden ist! Wir erwärmen die Hülse auf der Gertenseite solange, bis sie sich mit Hilfe der Zange abdrehen läßt. Dann lassen wir sie abkühlen und reiben schließlich mit etwas Papier den Ruß von der Hülse herunter.

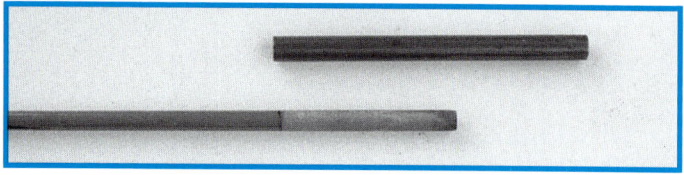

202

Nun wird der Gertenzapfen vom vorherigen Siegellack oder sonstigen Klebelack gereinigt und dann mit ganz feinem Sandpapier oder feinster Stahlwolle absolut sauber gerieben. Anschließend halten wir die Hülse neben den Gertenzapfen und machen mit Bleistift dort einen kleinen Ring, wo das Ende der Hülse hinkommen soll.

Über der Kerzenflamme machen wir nun den Siegellack tropfweich und träufeln davon soviel in dünner Schicht rund um den gesäuberten Rutenzapfen herum, bis er vollständig vom Lack

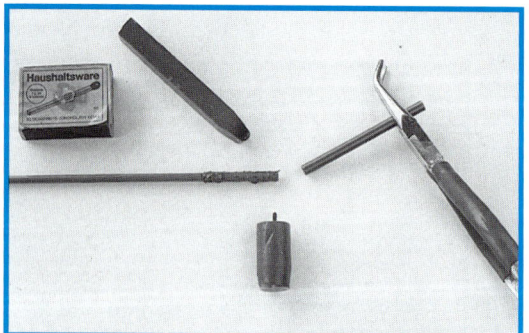

203

bedeckt ist. Nun fassen wir die Hülse auf ihrem rechten Drittel mit der Zange, erhitzen die Hülse etwas auf ihrer linken Seite, dann den Siegellack, noch einmal kurz und schieben die Hülse bis zum Bleistiftstrich auf das Gertenende auf. Anschließend lassen wir die ganze Reparaturstelle abkühlen.

168

Nun wird noch der Siegellack-Wulst, der sich am linken Ende der Hülse gebildet hat, durch bloßes Wegdrücken abgesprengt und die Hülse dort noch gesäubert. Fertig. Hülsen-Klappern beseitigt!

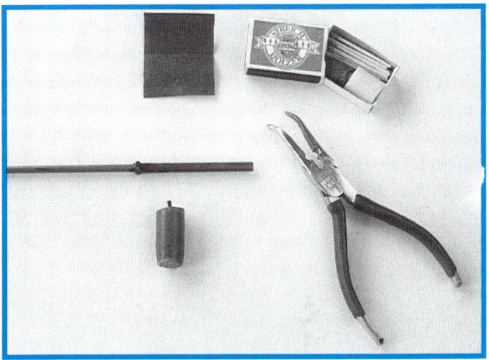

204

205

Und so sieht die Reparaturstelle aus, wenn sie fertig ist. Nichts klappert mehr. Die einzuschiebende Hülse des anderen Rutenteils läßt sich wieder straff passend in die reparierte Hülse einschieben.

Sicherheitsnadeln erweisen sich als äußerst praktisch zum Unterbringen von Kleingegenständen. Allerdings kann man kleinösige Gegenstände nur bis zum mittleren Ring der Sicherheitsnadel aufschieben. Dann ist Schluß. Die andere Seite der Nadel kann meist nicht genutzt werden.

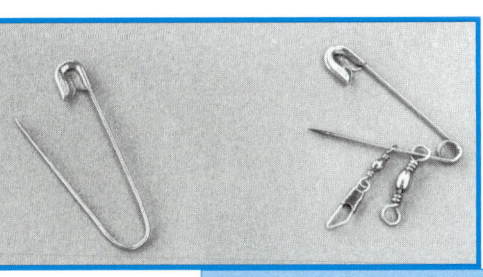

206

Sicherheitsnadel mit doppeltem Fassungsvermögen

169

Es sei denn, daß man diese kleine Öse in der Mitte der Sicherheitsnadel mit einer spitzen, kleinen Flachzange begradigt. Wie hier auf dem Bild links ersichtlich. Dann kann man auch kleinösige Teile voll auf die Sicherheitsnadel aufschieben und sie damit voll nutzen!

In der Geldbörse untergebracht, kann man so Wirbel und Springringe der verschiedensten Größen stets geordnet mit sich führen.

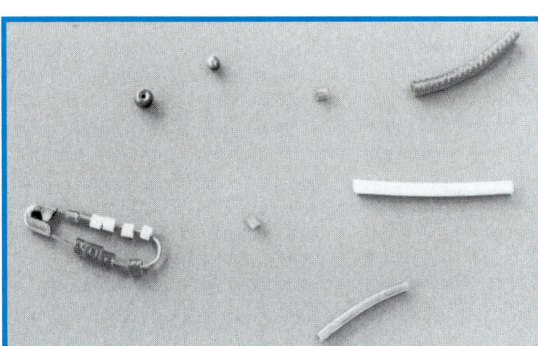

207

Selbst kleine Perlen, Plastikröhrchen-Abschnitte, Loch-Bleikügelchen oder Stopper lassen sich so unterbringen.

Sind normalgroße Sicherheitsnadeln noch zu klein, um alles Kleingerät geordnet in seiner Umhängetasche unterzubringen, dann fertigen wir uns eben selbst eine solche Federklammer aus 1 mm starkem Stahldraht an. Die Größe können wir selbst bestimmen. Die Öse brauchen wir für die bessere Federung der Klammer und

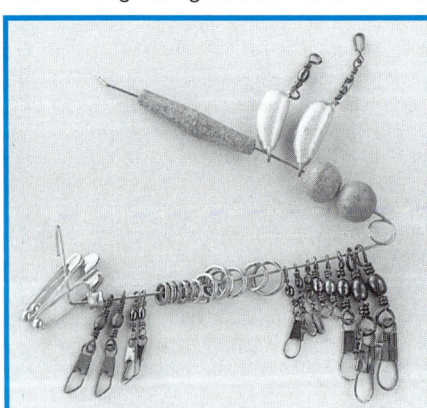

208

Alles Kleingerät praktisch untergebracht

170

Trennpunkt für Kleinstgeräte und etwas größeres Gerät. Auf der unteren Seite der Federklammer lassen sich z.B. Wirbel, Springringe, Perlen, Öhrhaken und dergleichen unterbringen, auf der oberen Seite die etwas größeren Teile, wie z.B. Bleie usw., die einen etwas weiteren Lochkanal haben.

Diesen Faber-Druckbleistift benutzen wir, um dünndrahtiges Kleingerät, wie z.B. Hakenlöser, Ködernadeln, Haltestifte zum Fliegen-Reparieren usw. fest in der Hand halten und verletzungssicher unterbringen zu können. Das Haltefutter des Druckbleistiftes wirkt mit seiner Mehrteilung und starken Federung wie das Bohrfutter einer Bohrmaschine. Und das muß ja auch ganz schön was aushalten! Also auch die in den Druckbleistift eingeklemmten Gegenstände verbleiben fest in ihrer Halterung! Übrigens, wenn die einzuklemmenden Gegenstände dünndrahtiger sind, kann man auch Stifte mit kleinerem Haltungsvermögen kaufen. Durch Druck auf den hinten gelagerten Druckknopf kann man z.B. den Hakenlöser mit seiner dünnen Drahtstange in den Stift mehr oder weniger weit einschieben und dann durch Loslassen des Druckknopfes arretieren.

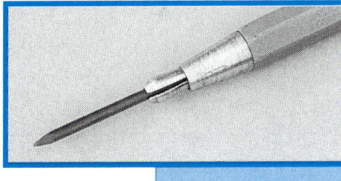

209

Vielzweck-Haltestift

Durch einen ersten Druck lösen wir erst einmal den oben ersichtlichen Bleistift aus seiner Halterung. Nun suchen wir die Gegenstände zusammen, die wir später in den Druck-Bleistift einklemmen wollen.

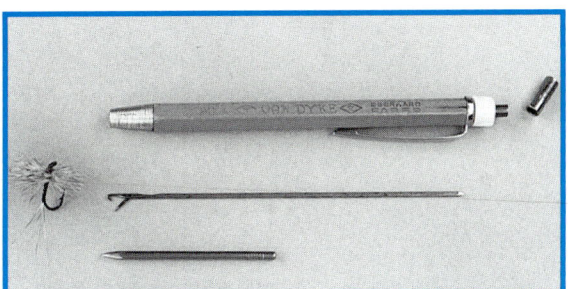

210

171

Mit der Ködernadel durchstechen wir erst den Köder, erfassen die Nadelspitze mit unserem Druckbleistift, hängen dann das Vorfach in die Ködernadelöse ein und ziehen jetzt die ganze Nadel mit Hilfe unseres Patentstiftes durch. Bei hartkrustigen Ködern werden wir für diese Ziehhilfe äußerst dankbar sein!

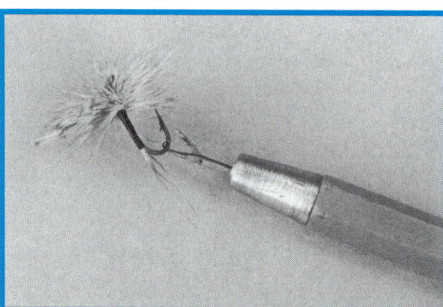

211

Die Ködernadel kann übrigens, ganz eingezogen, eine hervorragende Klaue für Fliegen sein, deren verdrückte Hecheln wieder zurechtgerichtet werden müssen!

Mit einer eingesetzten Glattnadel mit Spitze schließlich lassen sich hervorragend »Perücken und Verknotungen« lösen.

Dieser Hakenlöser hat vor dem normalen den Vorteil, daß man sich an ihm kaum verletzen und ihn stets griffbereit bei

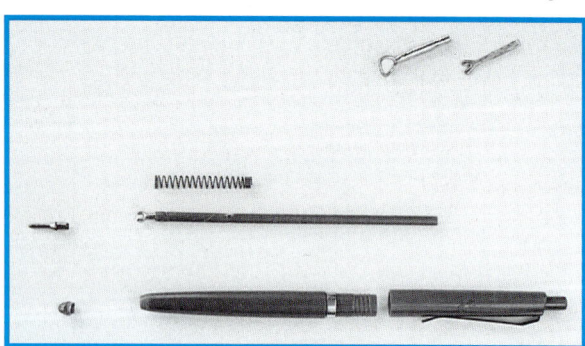

212

Hakenlöser aus Kugelschreiber

sich tragen kann. Mit der Federklammer kann man ihn an jeder Tasche festklemmen und kaum verlieren. Bekommt er noch ein rotes oder gelbes Signalband umgeklebt, kann er auch in hohem Gras nicht verloren gehen. Auf Druckausübung hin kommt das Werkzeug heraus aus seinem Versteck oder verschwindet wieder in demselben. Elegant und ungefährlich!

Um ihn herzustellen, sägen wir zuerst von der leeren Kugelschreibermine den Schreibkopf ab und dann von der unteren Hülse des Kugelschreibergehäuses den Kopf mit dem winzigen Führungsloch für die Minenspitze.

Nun lassen wir uns bei unserem Gerätehändler einen alten, ausgewechselten Spitzenring einer Fliegenrute geben, wenn wir nicht ohnehin einen solchen daheim haben, zwicken die Mitte des vorderen Bogens heraus und feilen dann die Ecken rundlich zu.

Diesen V-förmigen, in seiner Mitte geöffneten Fliegenruten-Spitzenring kleben wir in die an ihrer Spitze abgesägte Kugelschreibermine auf und lassen die Klebestelle zwei Tage trocknen.

Dann schieben wir noch die kleine Feder darüber, setzen die Mine in den Kugelschreiber ein, und fertig ist unser Wunder-Instrument.

Wollen wir unseren Kugelschreiber-Hakenlöser in Gebrauch nehmen, brauchen wir nur noch hinten auf den Druckknopf zu drücken und schon schiebt

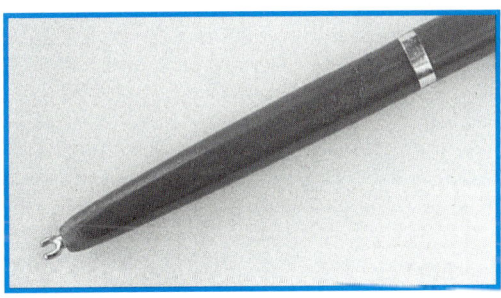

213

er sich heraus und rastet auch fest ein. Sind wir fertig, genügt ein weiterer Druck auf den Druckknopf, und schon verschwindet der Hakenlöser wieder in seiner Hülse.

Orchideenröhrchen bekommen wir für wenige Groschen in fast jedem Blumengeschäft. Sie lassen sich u.a. auch sehr gut zum Unterbringen von Kleingeräten benutzen. Da sie so schmal sind, können wir sie auch noch auf kleinstem Platz in unserer Umhängetasche unterbringen. Ist der kleine Gummideckel noch in Ordnung, können wir ihn noch benutzen, sonst paßt viel-

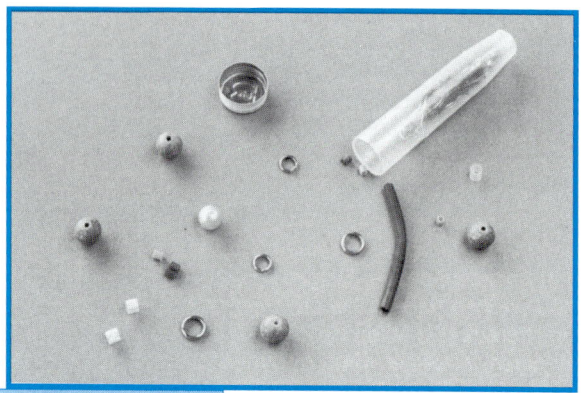

214

Kleingeräte-Behälter (Orchideenröhrchen)

leicht der Deckel eines kleinen Tabletten-röhrchens, oder wir schneiden uns selbst einen Abschlußpfropfen aus Kork zurecht.

Gegenüber einer undurchsichtigen kleinen Geräteschachtel hat dieses Röhrchen nicht nur den Vorteil der besseren Verstaubarkeit, sondern auch den, daß man gleich sieht, was in dem Röhrchen für Gegenstände drin sind.

Welcher Angler könnte nicht jegliche kleine Plastikschachtel zum Unterbringen von Kleingegenständen brauchen?! Was uns aber meist recht stört, sind die kaum abzukratzenden Preis- und Firmenklebeetiketten, die den ganzen Behälter verunstalten.

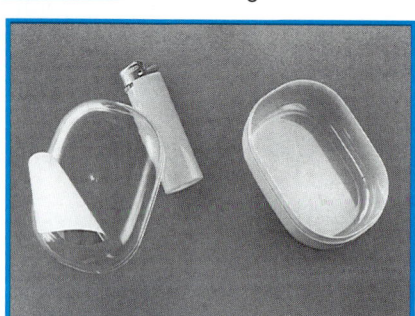

215

Preisschilder von Plastik-Schachteln lösen

Ohne schmierige Kleberückstände sauber abziehen lassen sich die Aufkleber jedoch, wenn man eine Zündholz-, Kerzen- oder Feuerzeugflamme etwa 10–20 Sekunden

174

lang parallel zum Aufkleber auf diesen einwirken läßt. Dann läßt sich dieser ganz bequem von einer seiner Ecken her abziehen – ohne Rückstände!

Autoschlüssel werden oft in diese oder jene Tasche gesteckt. Und plötzlich ist er weg. Wenn wir am Gewässerrand mit Fischen herumhantieren, fällt er leicht aus der Tasche und ist im Laub oder hohen Gras nicht zu finden.
Das läßt sich jedoch vermeiden, wenn wir an einer etwa 25 cm lan-

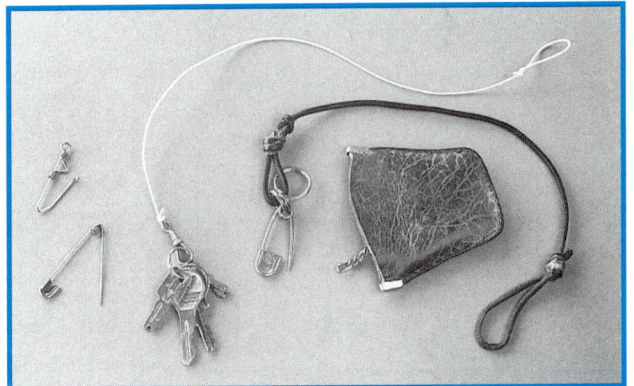

216

gen geflochtenen Meeresangelschnur oder einem ledernen Schuhband auf einer Seite eine größere Schlinge und auf der anderen

Haus- und Auto-schlüssel sichern

eine kleinere mit einem kleineren Springring und einem kleinem Einhängekarabiner bzw. einer stärkeren und kürzeren Sicherheitsnadel anbringen.
Hängen wir die wichtigsten Schlüssel hier ein und wickeln sie dann noch in ein Taschentuch, dann kann eigentlich nichts mehr schief gehen!
Mit der größeren Schlaufe verschlaufen wir unsere Schlüssel-Halteschnur z.B. an einer der Hosentasche nächstgelegenen Gürtelschlaufen unserer Hose oder im Knopfloch einer der nächstgelegenen zahlreichen Außentaschen der Anglerweste.
Wollen wir noch ein übriges tun, dann entfernen wir den Schlüs-

175

seleinhängekarabiner von einem Schlüsseltäschchen und hängen dieses dann an der Sicherheitsnadel mit fest. So ersparen wir uns auch das Einwickeln in ein Taschentuch.

Wenn Ködernadeln locker in Geräteschachteln oder gar der Umhängetasche frei herumgeistern, kann man sich sehr verletzen! Vor allem, wenn man nach ihnen sucht.

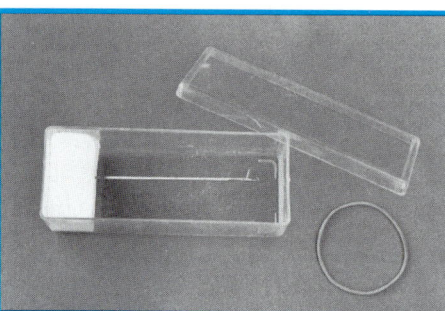

217

Nun, das läßt sich leicht vermeiden, wenn wir z.B. in verschiedenen, auch kleineren Geräteschachteln einen kleinen Styroporwürfel am Ende der Schachtel einkleben

Ködernadel verletzungssicher untergebracht

und die Ködernadel immer nur hier, an der gleichen Stelle einsticht! Man hat sie dann immer gleich zur Hand und kann sich an ihr nicht mehr verletzen.

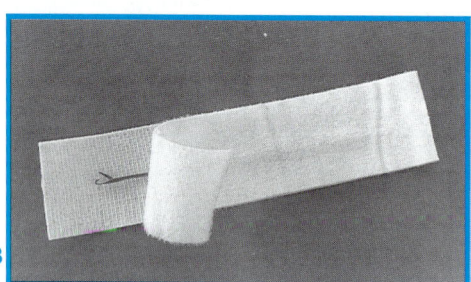

218

Ein gutes Schutz-Etui für die Ködernadel oder andere spitze Gegenstände ergibt sich auch, wenn wir zwei längliche Klettverschlußstreifen (etwa 15 cm lang) auf der einen Hälfte fester und auf der anderen nur locker zusammendrücken und die Ködernadel dann dazwischenlegen.

Diese Unterbringung ist dann mehr für den großen Gerätekasten oder die Umhängetasche geeignet.

Um Kleingeräte auf dem Boden, im hohen Gras, auf Fels oder im flachen Wasser gleich wiederzufinden, wenn sie einmal unserer Hand entfallen sollten, brauchen wir sie nur an ihrem einen

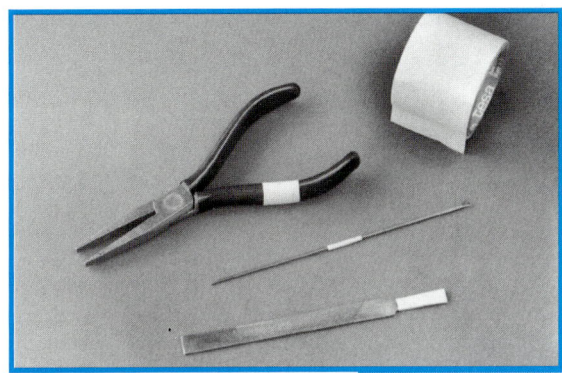

219

Ende mit einem schmalen Klebebandstreifen in signalrot oder -gelb zu umkleben. Und im Nu hat man die Ausreißer wiedergefunden!

Kleingeräte mit Signalfarbe kennzeichnen

Wenn wir wertvolles Angelgerät, wie z.B. Rute, Rollen oder prall gefüllt Fliegen- oder Köderetuis mit einem Adreßschildchen versehen, das wir zu seiner besseren Wasserfestigkeit noch mit Tesafilm überkleben, so werden wir erleben, wie ehrlich doch so mancher Angler ist! Unbeschädigt bekommen wir dann das Lieblingsgerät zurück und gewinnen vielleicht sogar noch einen wunderbaren Freund!

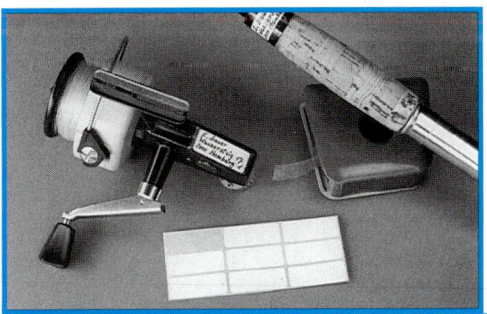

220

Wertvolles Angelgerät mit Adressen versehen

177

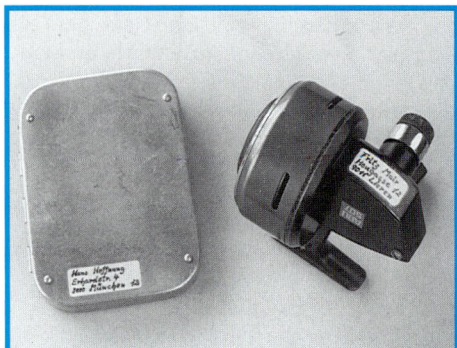

Um solche Gegenstände wäre es schon ewig schade, wenn sie uns für immer verloren gingen, und das nur, weil wir zu bequem waren, ein Adreßschildchen aufzukleben. Besonders bei Urlaubsfahrten sollten wir daran denken!

221

Wie lästig ist es doch, wenn von Ersatztrommeln oder von der Trommel der gerade in Gebrauch befindlichen und gerade zum Transport des Gerätes abmontierten Rolle das lockere Schnurende, eventuell sogar mit angebundenem Einhängewirbel, herunterfällt und sich irgendwo verhängt bzw. zur Verhängung Anlaß gibt.

Nun, das läßt sich leicht abstellen. Wir benutzen dazu die beiden Teile eines Innenwand-breiten Klettbandstreifens, der so lang ist,

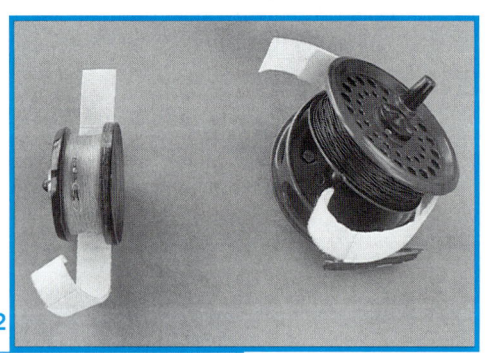

der so lang ist, daß er, einmal um die Trommel herumgelegt, mit seinem anderen Ende gerade zusammenstößt. Dann drücken wir die beiden Klettbandteile um etwa 2–3 cm gegeneinander versetzt zusammen, legen sie um die Schnurfüllung der Trommel herum und drücken die freistehenden 2–3 cm langen Enden einfach übereinander fest.

222

Schnurende abrutschsicher montieren

178

Nun halten sie das unter ihnen an die Schnurfüllung herangepreß-
te lockere Schnurende mit der darunter befindlichen Schnurfüllung
fest zusammen.
Hier, auf der Abbildung 222, sind die Klettbandstreifen-Enden
noch offen. Man kann, namentlich bei der rechts befindlichen Fliegenrolle, die Überlappungsstellen eindeutig erkennen.

Und hier sind die Überlap-pungsenden bereits mitein-ander zusam-mengedrückt und halten das lockere Schnurende bereits fest.

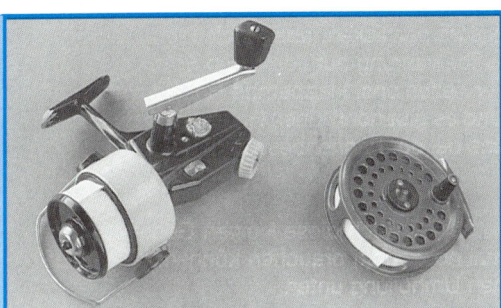

223

Mit seiner Hilfe können wir am Wasser die unterschiedlichsten Pannen schnell reparieren und gebrauchsunfähige Geräte

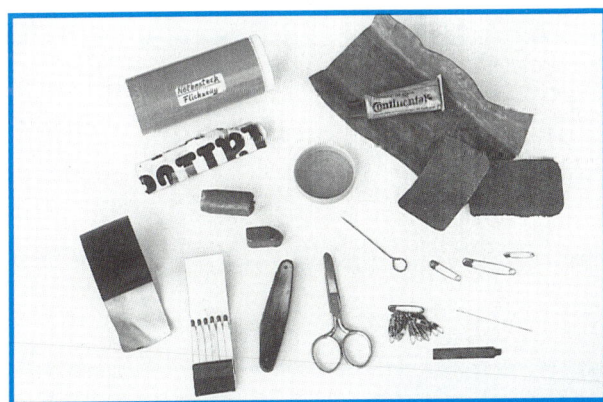

224

schnell wieder gebrauchsfähig machen.
Damit wir alles immer griffbereit zusam-

Allgemeines Notbesteck

menhaben, verstauen wir das unterschiedliche Kleingerät auf kleinstem Platz, in einer festen kleinen Dose, rund oder flach.

Mit Tesa-Gewebeklebeband lassen sich z.B. Lecks im Regenumhang abdichten. Nehmen wir es doppelt, genügt es auch für die Abdichtung eines Lecks in einem Gummistiefel. Ein Gummi-Flickzeug hilft größere Risse in den Gummistiefeln abzudichten. Mit Sicherheitsnadeln können wir eine aufgeplatzte Hose wieder zusammenflicken, aber auch Wirbel, Springringe, Perlen usw. zur Aufbewahrung auffädeln. Ein Stückchen Siegellack und Zündhölzer helfen uns, klappernde Hülsen wieder zu reparieren.

Und es gibt noch einen Haufen anderer kleiner Hilfswerkzeuge, die uns bei der Pannenbeseitigung am Wasser behilflich sein können!

Auch diese kleinen Gegenstände, die wir vielleicht einmal notwendig brauchen können, bringen wir in einer festen kleinen Umhüllung unter.

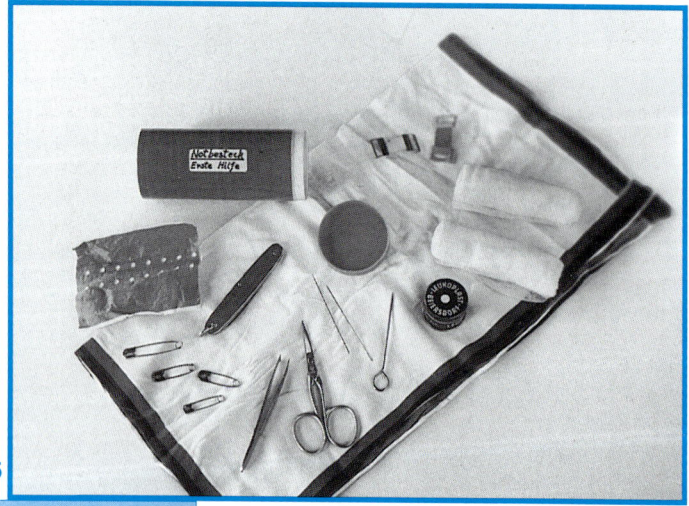

225

Notbesteck für die erste Hilfe

Damit auch alles sauber untergebracht ist, wickeln wir die einzelnen Gegenstände zusätzlich in ein sauberes kleines Taschentuch ein. Zu den notwendigen Kleingegenständen, die wir zum Versorgen einer Wunde brauchen, gehören: 2 Mullbinden, mit den dazu gehörigen Verschlußhaken, Hansa- und Leukoplast, eine spitze Nadel zum Entfernen von Splittern, Sicherheitsnadeln in verschiedenen Größen, eine Pinzette, kleine Schere, ein kleines, sehr scharfes Messer, Schmerztabletten, und noch vieles mehr. Eventuell hilft uns unser Hausarzt bei der Zusammenstellung.

Das Anbinden von Plättchen-Haken ist für viele Angler eine arge Fummelei, weil sich namentlich kurzschenklige Häckchen kleinerer Größe kaum zwischen den Fingern halten lassen. Und

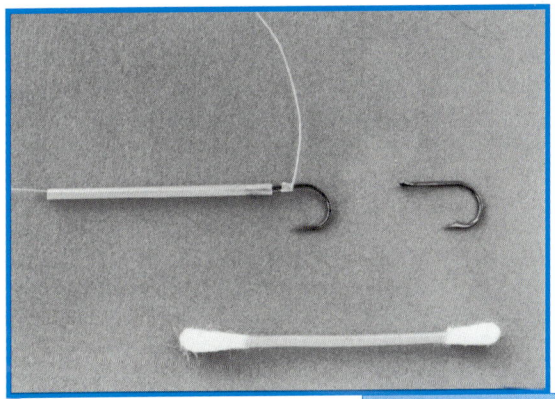

226

dann soll man auch noch Knoten über ihnen formen und zusammenziehen!

Haken anbinden

Sehr erleichtert wird einem das Hakenanbinden dagegen, wenn wir das noch nicht bebleite Vorfach durch ein festes, dünnes Plastikröhrchen schieben und dies dann auf den Hakenschenkel, den es enorm verlängert und uns damit eine bessere und festere Handhabe bietet. Haken unterschiedlichen Durchmessers verlangen auch nach Röhrchen unterschiedlichen Innendurchmessers. Wir schieben das Röhrchen auf dem Hakenschenkel bis kurz vor den Hakenbogen und machen dann den Knoten. Nun ziehen wir vorsichtig das Röhrchen wieder weg, den Knoten fest zu und das Röhrchen vom Vorfach wieder herunter. Fertig.

Einen solchen Haken braucht man dann, wenn das Vorfach beim späteren Drill eines größeren Fisches wahrscheinlich sehr überbeansprucht wird. Man denke da z.B. an den Fang übergroßer Karpfen, die man schon von vornherein gezielt befischt.

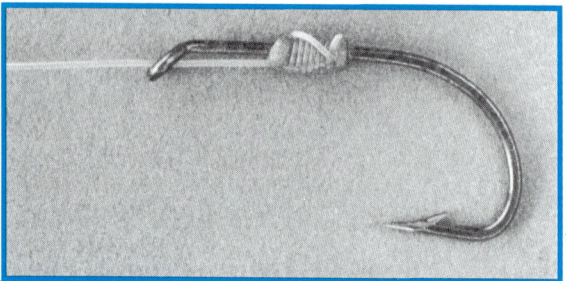

227

Hakenanbinden mit weichem Puffer

Würden sie während des Drills den Vorfachknoten unter größter Spannung an die Hakenplatte drücken, und an dieser Stelle womöglich eine kleine von uns übersehene scharfe Kante liegen, dann würde das Vorfach beim weiteren Drill bestimmt bald mit einem lauten Knall zerreißen!

Dieses Problem kann auf zweierlei Art gelöst werden. Einmal dadurch, daß wir den Knoten direkt über einem winzigen Stoffetzchen schürzen und dieses dann, ist der Knoten fest zusammengezogen, um den Knoten herum eng abschneiden und nun erst an das Hakenöhr oder die Hakenplatte heranschieben.

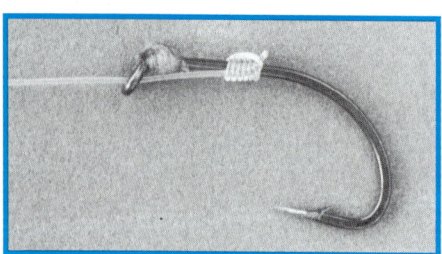

228

... Oder wir machen erst mit Wollfaden einen Stopper-Knoten, den wir, wenn er fest zusammengezogen ist, auf den Hakenschenkel dicht an das Öhr heranschieben.

Erst jetzt wird das Vorfach auf die übliche Art angebunden, der Knoten zusammengezogen und dicht unter den vorher gemachten Wollpuffer herangeschoben.

Befischt man ein unbekanntes Gewässer und möchte man z.B. einen Spinn- oder einen Schleppköder an der »zweiten

Kartenbeispiel 229

Schar« anbieten, dann kann uns dabei nur ein Ortsvertrauter helfen oder ein genauer Blick in eine Karte des jeweils gerade befischten Gewässers! Sie gibt uns auch Auskunft darüber, wo sich vielversprechende Buchten, Landzungen oder Mündungsgebiete einmündender Fließgewässer befinden.
An Hand der Tiefenlinien oder des Uferverlaufs ist so manches zu ersehen, was uns eine spätere langwierige Herumsucherei erspart!

Sollen bei großer Kälte unterschiedlich große Haken möglichst schnell gegeneinander ausge-

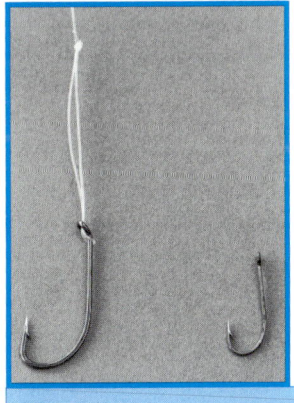

230

Beißsichere Hakenaustauschhaken

183

tausch werden, so läßt sich das auch mit klammen Fingen erheblich schneller bewerkstelligen, wenn wir Öhr-Haken verwenden und diese einfach von außen her auf die längere Vorfachschlaufe aufschieben.

Diese überlange Vorfachschlaufe ist übrigens auch ein hervorragender Schutz gegen die zahllosen Hechelzähne eines größeren Raubfisches, wie z.B. eines Hechtes!

Er hält am besten und ist am einfachsten und schnellsten herzustellen – der Ventilgummi-Stopper.

Um ihn überall fertigen zu können, führen wir stets ein mehre-

231

Ventilgummi-Stopper

re Zentimeter langes Stück eines Fahrrad-Ventilgummi-Schläuchleins in unserer Geldbörse mit. Wollen wir diesen Stopper fertigen, schneiden wir ein etwa 2 mm langes Stückchen des Schläuchleins ab und führen die Angelschnur zweimal von derselben Seite her durch den Gummiring durch und ziehen dann beide Schnurenden nach beiden Seiten hin fest auseinander. Fertig. Vor dem weiteren Verschieben auf der Schnur Stopper befeuchten!

Er ist fast noch unkomplizierter als der oben erwähnte Ventilgummistopper zu fertigen. Er ist sehr klein und rutschfreudig. Zu seiner Herstellung verknoten wir nur einen festen Spann-

232

Spanngummi-Stopper

184

gummi über der Angelschnur, ziehen den Knoten fest zusammen und schneiden dann die beiden seitlichen Gummistrang-Enden eng am Knoten ab. Fertig. Vor seinem Verschieben Stopper auch befeuchten!

Gleichgültig, ob wir nun gerade einen Fisch vom Haken lösen, um ihn möglichst schnell wieder zurückzusetzen, oder ob wir, im Wasser stehend, einen ganzen Vorfachwechsel bzw. eine sonstige Handhabung an unserer Fliegenschnur durchführen, meist baumelt dann das Vorfach, das ohne Spannung herunterhängt, störend um uns herum und behindert uns bei unseren Arbeiten. Tja, wenn wir eine dritte Hand hätten, die das Vorfach straffen könnte. Aber die steht uns leider nicht zur Verfügung.

Es gibt jedoch trotzdem eine recht passable Lösung. Wenn wir schon keinen Vorfach-Spanner dabei haben, dann machen wir uns eben einen! Wir brauchen dazu nur einige Zentimeter eines »Klettband-Streifens«. Wir können ihn, wie aus dem nebenstehen-

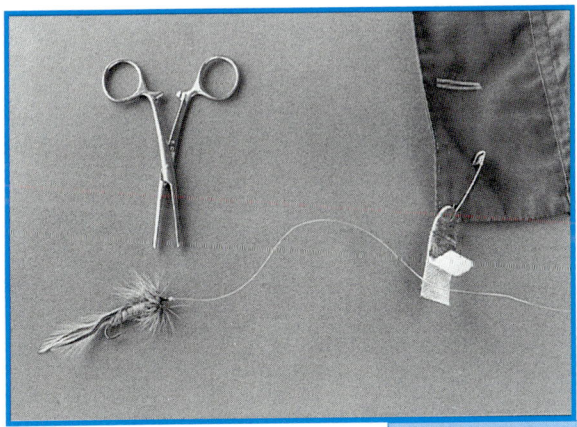

233

den Bild ersichtlich, in seiner oberen Hälfte fest zusammendrücken und mittels einer Sicherheitsnadel an der vorderen Ecke unserer Fischerjacke oder Fliegenweste befestigen.

Vorfach-Halter oder -Spanner an Weste oder Jacke

185

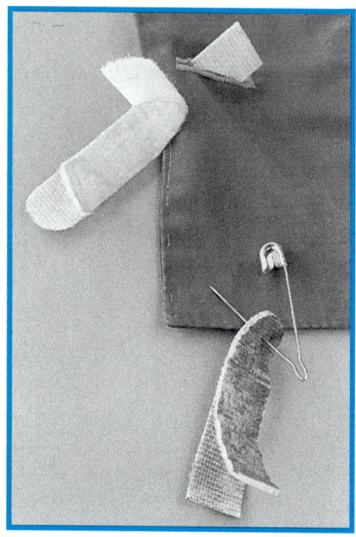

234

Oder aber wir verwenden einen noch längeren, etwa 15 cm langen und sehr schmalen Klettband-Streifen, ziehen ihn durch das unterste Knopfloch und drücken ihn ebenfalls in seiner oberen Hälfte fest zusammen.

Soll das Vorfach ruhig gestellt werden, spannen wir es nur leicht zum Klettband-Halter an und klemmen es dort fest, und schon kann es nicht mehr hin- und hertrudeln und uns womöglich in die Gefahr bringen, vom Haken noch verletzt zu werden!

Den Haken vorsichtig rückwärts aus Fisch, Stoff oder eigener Haut zu lösen, ist gar nicht so einfach! Meist reißt man mit dem Widerhaken alles auf, reißt einen tiefen Kanal in die Einstichstelle. Das muß aber nicht so sein.

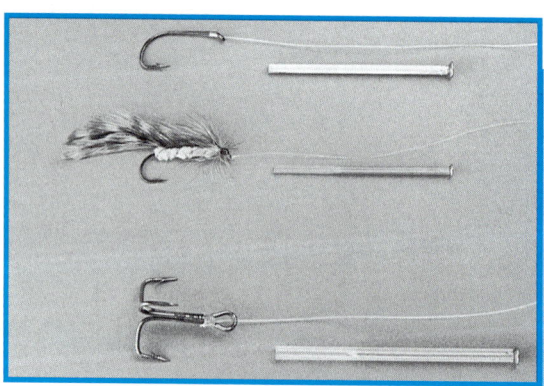

235

Erleichtert wird das Hakenlösen am Fisch, Stoff oder eigener Haut mittels eines »dünnen Röhrchens«

186

Man kann dieses Malheur vermeiden, wenn man sich dabei eines dünnwandigen, am besten eines Metallröhrchens (leere Kugelschreibermine oder Röhrchen aus dem Bastlerladen) bedient. Man schiebt es über die durchragende Hakenspitze, auch bei einem einzelnen Drillingsarm – je kleiner der Haken ist, um so kleiner muß auch der Innendurchmesser des Röhrchens sein – und über den Widerhaken, bis zum Anstoß im Hakenbogen.

Der rückwärtige Teil des Röhrchens wird übrigens durch einen eingeschobenen Nagel der entsprechenden Dicke verstärkt.

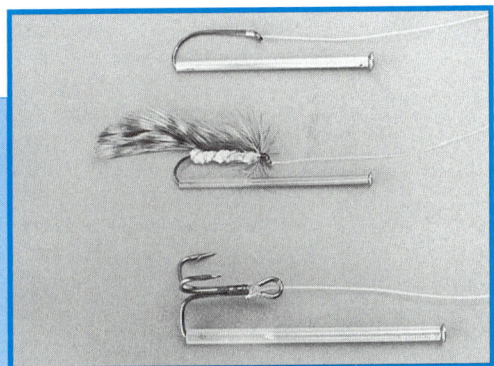

236

Dann brauchen wir den Haken nur noch, bei straff gezogenem Vorfach, aus seiner Einstichstelle nach hinten herauszuziehen bzw. -schieben.

Röhrchen unterschiedlicher Innen-Durchmesser werden auf ihrer Kopfseite mit einem winzigen Löchlein versehen und können dann, auf eine Sicherheitsnadel aufgefädelt, in der Umhängetasche griffbereit mitgeführt werden.

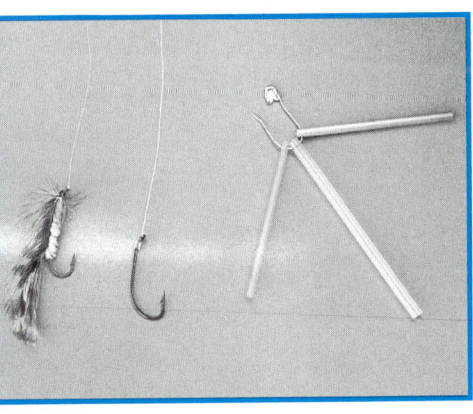

237

187

Auch wenn man die kleinen Köderfischchen, die man hiermit fangen kann, in Deutschland nicht lebend anködern und verwerten darf – im Ausland gibt es unterschiedliche Bestimmungen – so benötigt man doch öfter tote Köderfischchen. Und die müssen ja erst einmal lebend gefangen werden, ehe man sie töten kann! Als sehr praktisch zum Fang, leicht zu fertigen und unterzubringen, hat sich die hier gezeigte Köderfisch-Reuse aus einem Kaffeeglas erwiesen! Sie zu bauen, kostet nur ein bißchen Zeit, ein leeres Kaffeeglas, etwa 1 m Stahldraht (Ø 1 mm) und etwas Fliegengitter aus Kunststoff.

Zuerst entfernen wir die Reklameaufdrucksschildchen durch Erwärmung durch die nahe (parallel) herangehaltene Feuerzeugflamme (ausführlicher s. oben). Dann wird das Glas sauber gewaschen und abgetrocknet.

238

Köderfisch-Reuse aus 1-l-Kaffeeglas

Nun biegen wir uns aus dem Stahldraht die links vom Glas ersichtliche kegelförmige Drahtklammer, die mit ihrem großen Ring eng in die Öffnung des Kaffeeglases hineinpassen muß. Dann fertigen wir uns drei Drahtklammern, die auf der großen Ringöffnung des Drahtkegels umklappbar angebracht werden. Sie können über den Hals des Kaffeeglases geklappt werden und halten den Drahtkegel, in das Glas hinein gerichtet, dort fest.

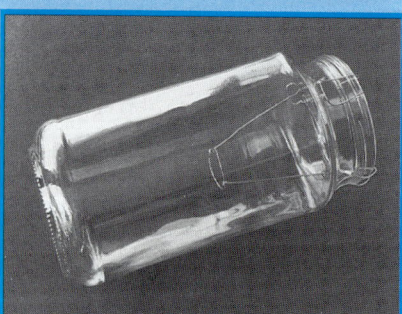

239

So sieht der Drahtkegel mit den umgeklappten Halteklammern von der Seite her aus.

188

Nun schneiden wir zuerst eine Form aus steiferem Packpapier zurecht, die um das kegelförmige Drahtgestell eng herumgelegt werden muß. Dann heften wir diese Papierform

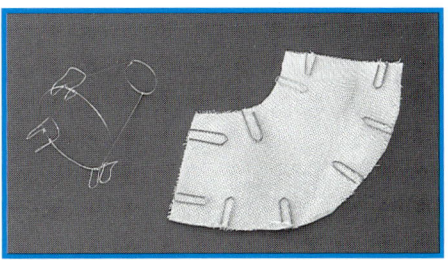

240

mit Büroklammern auf dem Fliegengitter aus Plastik fest und schneiden die Papierform mit einer scharfen Schere aus.

Dann brauchen wir die ausgeschnittene Fliegengitterform nur noch mit Angelschnur auf dem Drahtkegel festzunähen.

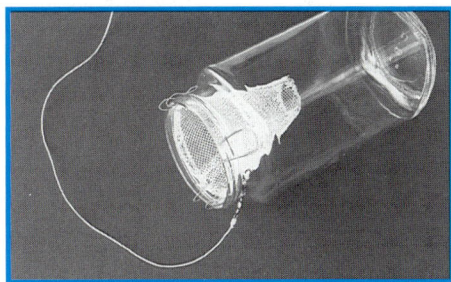

241

Um den Hals des Glases herum knoten wir eine stärkere doppelt gelegte und durch einen Springring laufende Dacron-Meeresangelschnur fest. Im Springring wird dann die 3–5 m lange Halteschnur befestigt.

So sieht die Köderfisch-Reuse fertig aus. Durch den Trichter werden als Lockköder kleine Würmchen, Nymphen, Maden oder Brotbröckchen eingeworfen.

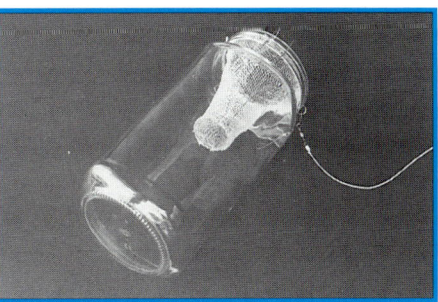

242

189

Dann wird die Reuse mit Wasser gefüllt und dem Trichtereingang stromabwärts ausgelegt. Während wir noch das Angelzeug zusammenbauen, haben sich schon die ersten Kleinfischchen in unserer Reuse gefangen!

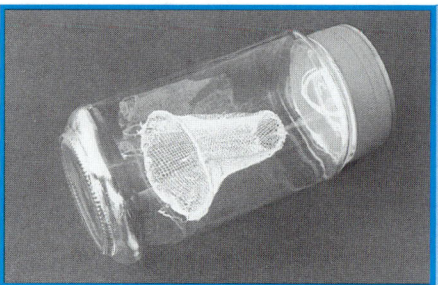

Zum Transport stecken wir den Netztrichter und die zusammengerollte Haltschnur in das Innere des Glases und schrauben es dann mit dem Deckel zu. Fertig!

243

Brauchen wir bei großer Kälte fingerlose Handschuhe, um unser Gerät noch einwandfrei bedienen zu können, dann können wir uns solche, wenn wir sie nur selten brauchen, aus einem Paar alter Socken auch selber fertigen.

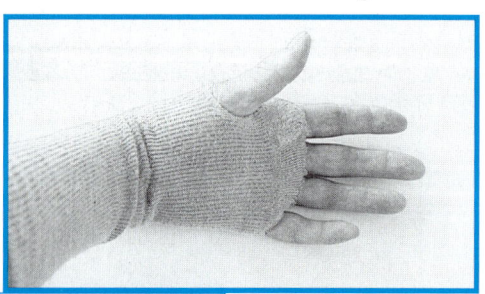

244

Fingerlose Handschuhe bei großer Kälte

Zuerst schneiden wir fünf Löcher, für den Daumen ein etwas größeres, in den Vorderteil jedes Sockens. Dann fassen wir die Löcher mit Wollfaden ein, damit sie nicht ausfransen.
Jetzt brauchen wir die kältestarren Hände nur noch in die Socken zu schieben, und schon gibt es kein Frösteln oder Frieren mehr!

Versorgen des Fanges

Es ist für uns überaus wichtig, wenn wir die Beutefische selbst verwerten und auch bei großer Hitze frisch erhalten, richtig transportieren und verpacken wollen. Fische kann man zu Hause auf dem Küchentisch schuppen und ausnehmen, aber auch draußen in der freien Natur, ohne daß dabei irgendwelche Abfälle zurückbleiben oder der Küchentisch bzw. die Natur beschmutzt werden! Daß die Hände natürlich auch vom Fischgeruch befreit werden sollten, ist selbstverständlich.

Beim Schuppen der Fische in der Küche oder am Ufer stecken wir die Fische in eine große Klarsicht-Plastiktüte (z.B. Müllbeutel). Dann wickeln wir etwas Toilettenpapier um die Schwanzwurzel des Fisches und stecken das Schwanzflossenende zuerst nach hinten in den Plastikbeutel hinein. Zum Schuppen benötigen wir nur noch einen Fischschupper oder, wie später zum Ausnehmen, ein Messer. Dann halten wir mit unserer linken Hand den Fisch im Beutel an seiner Schwanzflosse fest und schuppen ihn dort mit Fischschupper oder Messer. Einfach von hinten nach vorn arbeiten.

245

So fliegen keine Schuppen mehr herum

246

191

Anschließend waschen wir den Fisch ab und trocknen ihn mit saugfähigem Küchenpapier, stecken ihn wieder in den Beutel und nehmen in darin auch aus. So gibt es kein blutiges und schleimiges Herumkleckern mehr mit den Innereien!
Fischgeruch kann ein infernalischer Gestank sein! Um sich von ihm absolut sicher, schnell und mühelos zu befreien, waschen wir zuerst einmal unsere Hände gründlich mit Seife ab und spülen sie dann unter dem oder im Wasser ab.

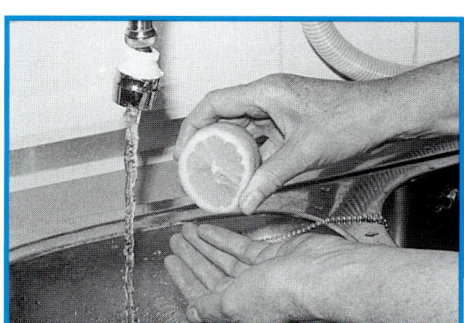

247

Träufeln wir dann noch einige Tropfen von einer frisch angeschnittenen Zitrone darüber, sind wir sofort wieder gesellschaftsfähig.

Großfische können eine enorm dicke, feste und harte Bauchdecke haben. Sie aufzuschlitzen, ist selbst mit einem scharfen Messer gar nicht immer so einfach. Nicht so dagegen, wenn wir uns hierzu eines im »Baumarkt« billig erhältlichen Teppichmessers bedienen! Es ist flach und hat in seinem Inneren verschieden geformte Klingen. Wir nehmen die an ihren beiden Enden halbmondförmig abgebogene Klinge heraus und

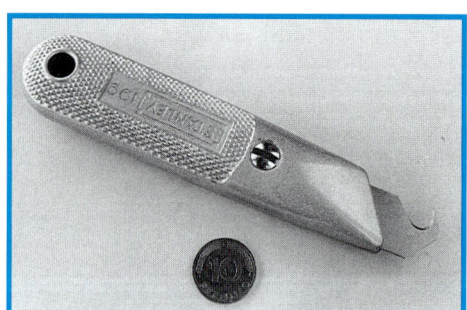

248

Das Teppichmesser ist ideal zum Aufschlitzen von Großfischen

192

setzen sie in den Haltemechanismus ein. Die kurze Hakenklinge wird in das Waidloch geschoben, der Fisch an der Schwanzflosse (mit dem Kopf nach unten) gehalten. Dann wird der Fisch mit einem festen Ruck und Zug nach unten hin geöffnet.

Dank der kurzen und nach innen gebogenen Klinge werden dabei die Innereien nicht verletzt. Sie können also nicht den Wohlgeruch des frischen Fischfleisches negativ beeinflussen!

Mittels Patentverschlusses kann man die Klinge nach Gebrauch und Säuberung sofort wieder im Griff verschwinden lassen, um sich nicht daran zu verletzen.

Behandlung der Gummistiefel

Gummistiefel brauchen wir bei der Ausführung aller Angelarten. Deshalb sind unsere Gummistiefel, ob nun kurze oder lange, stets in bestem Zustand zu halten! D.h., wenn sie beim Angeln feucht geworden sind, entweder durch oben eingeschwapptes Wasser oder durch Kondenswasser, sind sie jedesmal, wenn wir nach Hause oder ins Urlaubsquartier zurückkommen, sorgsamst zu trocknen!

Das kann auf verschiedene Weise geschehen. Vor allem wichtig ist es, daß die Schuhe dabei auch, durch Frischluftzufuhr ihren feuchten Modergeruch verlieren, und daß der Trocknungsvorgang möglichst schnell, nachdem wir heimgekommen sind, in die Wege geleitet wird!

Da wir sehr oft mit unseren Gummistiefeln veralgte und glitschig-rutschige Gesteinspartien zu überqueren haben und dabei nicht in die Gefahr kommen dürfen, dabei auszurutschen und in tiefes und reißendes Wasser zu fallen, müssen wir stets versuchen, diese Rutschgefahren von vornherein zu vermeiden, z.B. wie hier durch Unterschnallen einer »Anti-Rutsch-Unterlage«, die einfach unter den Sohlen unserer Gummistiefel befestigt wird. Und schon können wir uns ruhigen und festen Schrittes, auch über rutschige und veralgte Gesteinspartien, Holzplanken oder auf Wehrkämme wagen. Wichtig ist dabei nur, daß wir immer vorsichtig Fuß vor Fuß setzen, also nicht sorglos drauflos marschieren, sondern unsere Füße bedachtsam »über den Boden dahinschieben«!

Wenn Gummistiefel innen naß geworden sind, sollte man sie daheim umgehend trocknen. Dafür gibt es die unterschiedlichsten Trocknungsarten. Hier z.B. greifen wir auf die locker zusammengeknüllte alte Zeitung zurück. Trocknen wir

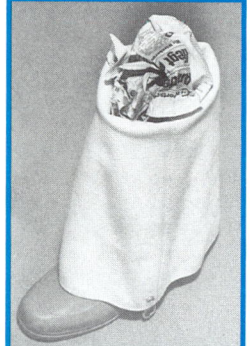

249

Trocknen mit zusammengeknüllter, alter Zeitung

unsere naß gewordenen Gummistiefel sorgfältig, bekommen wir keinen Erkältung und können die Stiefel bald wieder benutzen.

Zum Trocknungsvorgang rollen wir die langen Gummistiefel auf halbe Höhe herab, weil die Stiefel meist nur unten naß werden. Dann stopfen wir sie oder halbhohe Stiefel mit locker zusammengeknüllter alter Zeitung bis oben hin voll – und zwar immer nur die nassen Stiefel! Das Zeitungspapier zieht die Feuchtigkeit aus dem nassen Innengewebe heraus und wird nach einigen Stunden durch eine neue Zeitungsfüllung ersetzt. Wenn man dies drei- bis viermal wiederholt, dürften die Gummistiefel innen wieder ziemlich trocken sein! Eventuell können wir sie zusätzlich noch etwas trockenfönen.

Eine weitere Trocknungsart ist die folgende, die aber nur daheim angewendet werden kann:

Wir basteln uns dazu aus engerem Maschendraht, wie man ihn für Kaninchenställe verwendet, eine auf einer Seite etwas schmalere Drahtröhre, die mit weichem Blumendraht zusammengeheftet wird. Scharfe Kanten werden nach innen gebogen. Sie muß sich auf ihrer Schmalseite locker sowie tief in den Gummistiefel hineinstecken lassen, den Stiefel auseinanderhalten und die

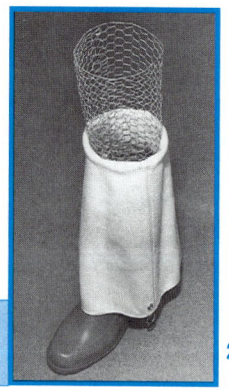

Trocknen mit Drahtröhre

25

194

Frischluftzufuhr begünstigen. Stellen wir die Stiefel dann noch zusätzlich schräg gegen eine Dampfheizung oder fönen etwas in die nassen Stiefel hinein, dann sind die Gummistiefel innerhalb weniger Stunden wieder trocken!

Hölzerne Kleiderbügel hat man im Urlaub immer dabei! Wir zersägen einen einfachen Holzbügel in jeweils zwei verschieden lange Einzelstücke. Ein Bügel reicht dafür aus. Der kürzere Teil ist etwa 9 cm, der längere 14 cm lang. Die kantigen Enden werden noch abgerundet. Das kürzere Holzstück kommt unten, das längere oben rein. Über Kreuz natürlich.

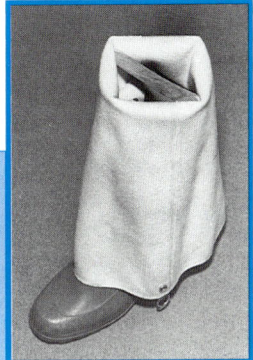

Und so sieht ein mit einem Kleiderbügelstück gespreizter Gummistiefel aus.

251

Eine weitere Methode ist die Verwendung von Drahtringen. Man formt sich diese innen oben und weiter unten quer in die Gummistiefel zu steckenden Drahtringe aus kunststoffüberzogenem, 4 mm starkem Eisendraht. Sie sollten sich etwa 3 cm überlappen. An ihren Überlappungsstellen werden sie mit Tesa-Gewebeklebeband umklebt. Auch diese Drahtringe lassen sich flach zusammenlegen und bequem in den Urlaub mitnehmen.

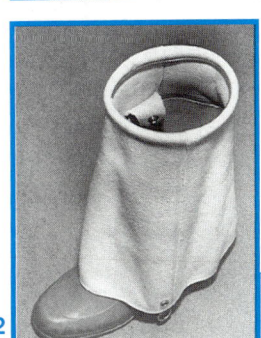

Trocknen mit Drahtringen

252

Zum Gebrauch wird erst der kleine Ring

195

weiter unten und dann der größere weiter oben quer in den auf halbe Höhe umgestülpten Gummistiefel hineingedrückt.
Die Gummistiefel werden so weit auseinandergedrückt und sind auf Grund der besseren Luftzufuhr schon nach wenigen Stunden wieder trocken. Eventuell kann man den Trocknungsvorgang durch Hineinfönen noch etwas beschleunigen!

Am Wasser

Sind wir am Wasser angekommen, warten so manche, oft lästige Aufgaben auf uns, wie z.B. das Schnurdurchfädeln durch die eng beringte Angelrute. Mit Hilfe eines Kleingerätes gelingt es uns jedoch schnell und mühelos. Man muß nur ein wenig überlegen und schon hat man die Lösung für dieses Problem gefunden.
Knotenbinden bei schlechtem Licht oder gar Dämmerungszeit ist wirklich keine Aufgabe, die uns zu Freudenschreien veranlaßt. Aber man muß deshalb nicht gleich ausrasten! Das Problem ist wirklich nicht unlösbar.
Kescher und Gaff sollten immer bereit gehalten werden, da man sie vielleicht jeden Moment brauchen kann. Mittels eines kleinen Hilfsgerätes ist es uns nun auch möglich, diese Aufgabe zu bewältigen, selbst dann, wenn wir unsere Angeltasche am Ufer abgelegt haben sollten.
Wollen wir wichtige Papiere, den Fotoapparat, Schlüssel und dergleichen wasser- und verlustgeschützt mit uns führen, dann müssen die Gegenstände in Plastikbeuteln wasserdicht untergebracht werden!
Haben sich die Hülsen unserer Steckrute einmal festgefressen und lassen sich nicht mehr auseinanderdrehen, dann brauchen wir uns daheim nur ein kleines Hilfsgerät vorzubereiten, und schon gibt es auch dieses Problem nicht mehr.
Das Wiederaufstocken der Schnurfüllung kann überaus wichtig werden, sowohl für das reibungslose Funktionieren der Angelrolle, als auch für den sicheren Drill eines größeren Fisches, die Zielgenauigkeit unserer Würfe und noch vieles mehr.
Der Transport mehrerer Angelruten zugleich kann recht anstrengend werden, sollen sie bruchsicher über weitere Strecken mitge-

führt werden und das vielleicht auch noch mit der Bahn oder dem Fahrrad. Um beim »Nachtangeln«, z.B. auf Aale, Aalrutten, Waller oder Karpfen stets das für die Ausübung der jeweiligen Angelart notwendige Kleingerät, wie z.B. vorgebundene Haken, Schere, Messer, Hakenfeile, Taschenlampe, Leuchtposen, Notsitz und dergleichen mehr übersichtlich auf dem Boden ausbreiten zu können, benötigen wir eine spezielle »Nacht-Geräteunterlage«. Je heller sie ist, um so mehr Licht reflektiert sie auch und um so schneller finden wir die einzelnen Geräte, ohne dabei gleich mit der hellen Taschenlampe herumhantieren zu müssen.

Ein »Universallösehaken« für jegliche Arten von Hängern hilft uns so manchen Ärger ersparen und so manchen teuren Köder wieder zu lösen, der uns sonst sicherlich verloren ginge.

Wenn wir unseren Kescher schnell einsetzen müssen, um einen großen Fisch aus unwegsamem und sperrigen Gelände herauszukeschern, dann überkommt uns immer wieder der große Zorn, wenn wir den Kescher zwar rechtzeitig zur Hand haben, ihn aber nicht einsetzen können, weil das »ausgetrocknete« Keschernetz einfach nicht untersinken will. Ein großes Problem? Nein, durchaus nicht!

Übrigens, damit wir unseren Kescher nicht dadurch beschädigen, daß wir einen ungewöhnlich schweren Fisch auf übliche Art mit ihm herausholen wollen, müssen wir ihn auch richtig zu halten wissen!

Das Schnurdurchfädeln durch eng beringte Ruten kann einem sehr schwer fallen, wenn man mit kälteklammen Fingern arbeiten muß. Das muß aber nicht so sein. Fädeln wir das Schnurende einfach durch eine dickere Stopfnadel bzw. hängen den an der Schnur angeknoteten

Schnurdurchfädeln mit der Stopfnadel

253

197

Einhängewirbel einfach in die Nadelöse ein und schieben diese dann durch die ganze Rutenberingung hindurch.

Muß man bei starker Dämmerung oder gar bei Nacht einen Knoten fertigen, glaubt man, dies ohne Zuhilfenahme einer

254

Knoten-Fertigung gegen den hellen Himmel

Taschenlampe nie bewerkstelligen zu können.

Das stimmt jedoch nicht! Man braucht den Angelhaken oder Ösengegenstand, den man anknoten will, nur gegen den hellen Himmel zu halten.

Der Kontrast hierbei reicht vollkommen aus, um so viel zu sehen, daß einem die Knotenfertigung nicht mehr schwerfällt!

Haben wir unsere Umhängetasche am Uferrand abgelegt und gehen nun ein wenig weiter oder waten ins Wasser hinein, brauchen wir unbedingt ein Landungsgerät, wie z.B. Kescher

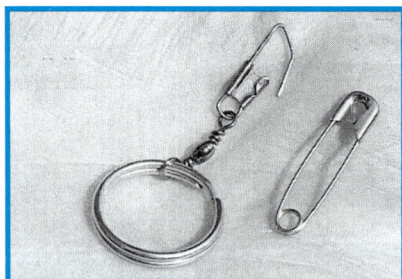

255

Haltering für Kescher oder Gaff

oder Gaff, in unmittelbarer Reichweite.

Wenn wir keinen uns meist nur beengenden Gürtel tragen, dann müssen wir das Landungsgerät auf andere Weise an unserer Kleidung befestigen können.

Am besten funktioniert es, wenn wir dazu einen Springring mit einem Durchmesser von etwa 2 cm mit einem größeren Einhängewirbel oder einer festen Sicherheitsnadel versehen und dort an unserer Kleidung anstecken, wo diese fest genug ist, um das Gewicht des Keschers oder Gaffs auszuhalten.

Wir können den Einhängewirbel aber auch in einen Reißverschlußnippel mit Öse oder bloß in ein Knopfloch einklinken.

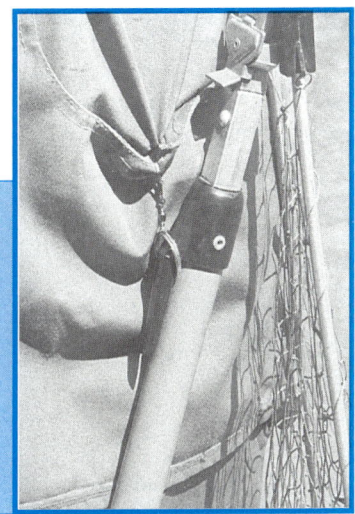

256

Wichtige Gegenstände, wie z.B. Haus- oder Autoschlüssel, Fotoapparat, Fischkarten und so vieles mehr lassen sich sehr gut und absolut wasserdicht in mehreren kleinen ineinander gesteckten Plastikbeuteln (Gefrierbeutel) unterbringen.
Voraussetzung für die Wasserdichtheit ist allerdings, daß die Plastikbeutel stets in der gleichen und besten Art verschlossen werden.
Wir benutzen dazu am besten eine Gummischlinge aus Wäschegummi. 25–30 cm Länge desselben reichen aus.
Wir legen diese Gummischlinge oben um die zusammenge- bör-

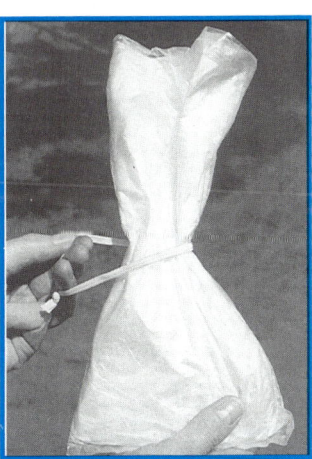

257

Wasserdichter Beutel-Verschluß mit Gummischlinge

199

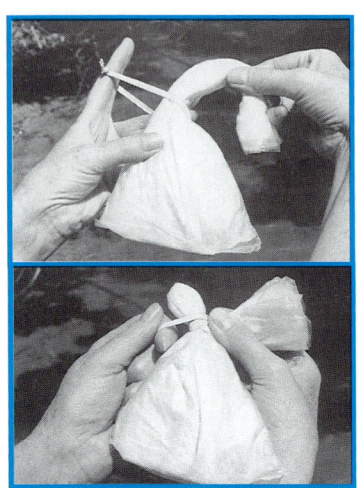

258

259

delte Öffnung der 5 ineinander gesteckten Plastikbeutel herum. Dann knicken wir das nach oben gerichtete Beutelende auf der einen Seite scharf nach unten, hier nach rechts.

Nun drücken wir dieses Ende ganz eng an den restlichen Beutelteil heran und schlingen die Gummischlinge ziemlich straff, damit sie gut abschließt, so oft um die beiden Beutelteile herum, bis sie aufgebraucht ist!

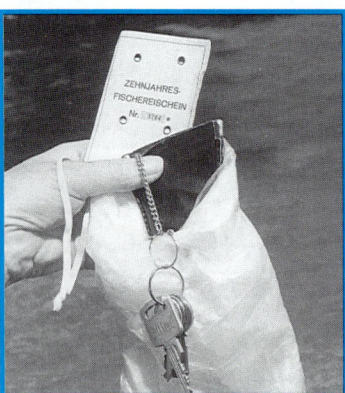

260

... Hier z.B. gehören zum Beutelinhalt: die Fischkarte, Haus- und Autoschlüssel und die Geldbörse.

Falls man noch eine ältere Steckrute benutzt, die noch mit Steckhülsen ausgestattet ist, und diese sich nicht mehr auseinanderdrehen lassen, dann hilft ein ganz feinkörniges Stückchen Sandpapier oder feine Stahlwolle, um den Einschiebzapfen ganz, ganz leicht damit abzureiben. Und schon ist wieder alles in Ordnung. Bekommen wir das Hülsen-papier jedoch gar nicht aus-einander, dann sollten wir mit einem kleinen Gummischlauch-Paar ausgestattet sein. Wir schnei-den es jeweils auf

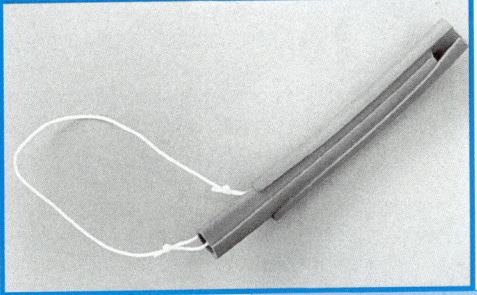

261

10 cm Länge ab, schlitzen die beiden Schlauch-Stückchen der Länge nach auf und verbinden sie mit einer kurzen Schnur,

Die Hülsen gehen nicht mehr auseinander

damit nicht etwa ein Röhrchen verloren geht. Ineinander gesteckt lassen sie sich leichter transportieren.

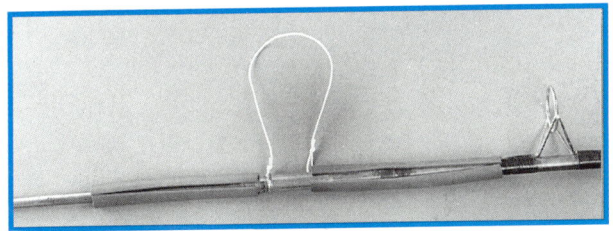

262

Benötigen wir sie, klappen wir sie nur um die beiden auseinander-zuziehenden Hülsen herum, drücken sie dort fest zusammen und versuchen jetzt die beiden Hülsen auseinanderzudrehen, und siehe da, es wird uns jetzt mühelos gelingen!

Zusammen-geknüpfte Gummirin-ge aus festem, dehn-barem Wäschegummi können uns aus so mancher Notlage ret-ten. Man kann damit z.B. Schachteln fest

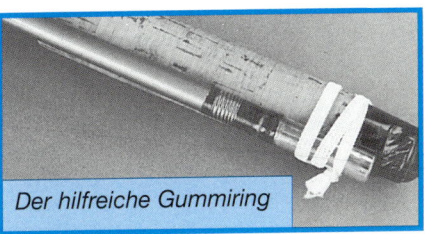

Der hilfreiche Gummiring

263

201

zusammenhalten, das Regencape zusammenschnüren, aber auch (wie hier) mehrere Rutenteile fest zusammenklemmen.

Mehrere solcher Gummiringe in verschiedener Größe sollte man stets in seiner Umhängetasche mit sich führen. Sie nehmen dort keinen Platz weg und können uns doch jederzeit überaus behilflich sein.

Schnur kann durch die unterschiedlichsten Einflüsse, wie z.B. Aufrauhung, Verknickung, Quetschung, Verkürzung und noch durch vieles mehr verloren gehen. Und das kann immer und immer wieder passieren. Bis schließlich unsere Trommel so aussieht, wie auf dem nebenstehenden Bild ersichtlich.

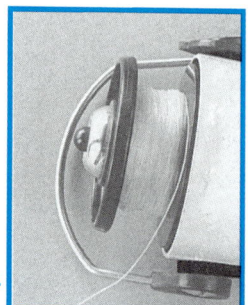

264

Schnurfüllung wieder aufstocken

Hier ist der »Schnurschwund« bereits so weit fortgeschritten, daß er bereits zu einer echten »Wurfbehinderung« führt! Dieses Malheur muß schnellstens abgestellt, die Schnurfüllung also mit neuer Schnur wieder aufgestockt werden. Haben wir auf einer Reservespule keine Ersatzschnur dabei, weil die Schnur z.B. gerade vorher am Wasser abgerissen wurde, dann nehmen wir die Schnurtrommel von der Rolle und füllen sie bis zur optimalen Füllung mit Klett- oder Klebeband bzw. mit einem zusammengeknickten Band aus Zeitungspapier.

Nun nehmen wir die Zeitungspapier-, Klett- oder Klebebandlagen wieder ab und wickeln die übrige Schnur, da die vorderste Wurflänge ja ohne Knoten sein muß, auf eine locker zusammengeknüllte Zeitung auf.

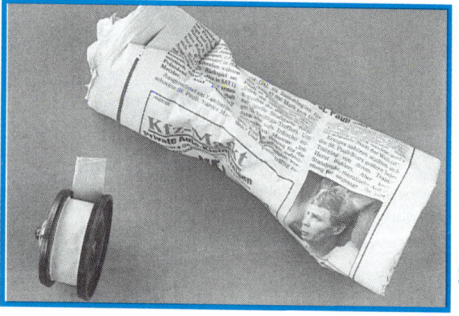

26

Dann wickeln wir den Papierstreifen bzw. das Klett- oder Klebeband unten auf den Trommelkern und die auf dem zusammengeknüllten Zeitungspapier aufgewickelte Schnur darüber. Und schon ist die Trommel wieder optimal bis obenhin mit Schnur gefüllt.

Wir können es aber auch so machen, daß wir die mangelnde Schnurfüllung mit einer anderen, eventuell auch etwas dickeren Schnur auffüllen und diese dann bis zur optimalen Schnurfüllung aufwickeln.

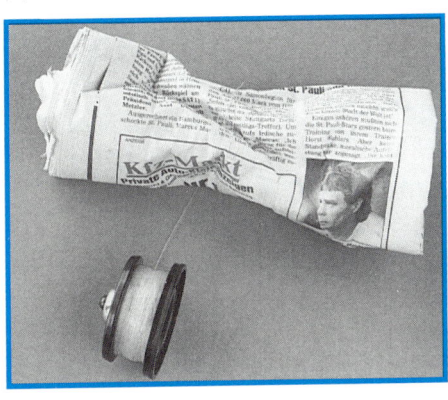

266

Dann wickeln wir sie z.B. auf eine zusammengeknüllte Zeitung ab, spulen die unten liegende unverknotete Schnur auf eine andere Rolle oder einen anderen Papierkern, wickeln die Auffüllschnur unten auf den Trommelkern und die unverknotete Schnur, die vorher unten war, oben darüber. Auch dann ergibt sich eine optimale Trommelfüllung, deren vorderste Wurflänge ohne Knoten ist und die daher beim nächsten Wurf absolut reibungslos abläuft!

Gleichgültig, ob man nun eine oder mehrere Ruten zum Bahnhof, auf dem Fahrrad oder am Wasser entlang tragen möchte, so wird es bei mehreren Ruten immer ziemlich unbequem werden. Bequem und alle zugleich tragen kann man sie jedoch, wenn man sich das nebenstehend abgebildete Rutenfutteral zusammenbaut.
Man verwendet dazu am besten ein PVC-Wasserabflußrohr oder eine Röhre aus dicker Pappe, in der sonst Baupläne oder Zeichnungen untergebracht werden.
Man klebt den einen Abschlußdeckel fest in das Rohr ein oder darüber. Durch die oben (hier links) offene Röhre werden die Ruten

203

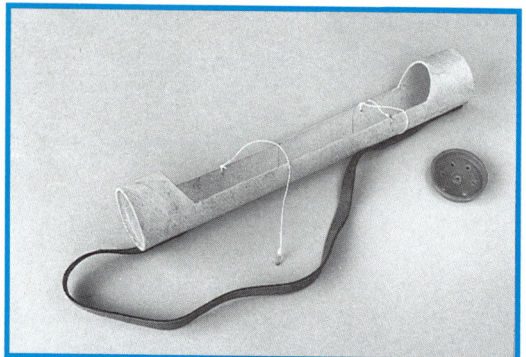

267

Futteral zum Ruten-tragen

eingesteckt. Dann schneiden wir, wie ersichtlich, die obere Längshälfte des Rohres weg, glätten die Schnittkanten und bringen seitlich noch die Gummistränge mit den kleinen Häkchen an, die später auf der anderen Seite eingehängt werden sollen.

Schließlich wird noch der Trageriemen angebracht, links unten, mit der Richtung nach links unten – er kommt später über die Schulter. Auf der rechten Seite, ebenfalls mit der Richtung nach links, der späteren Unterseite.

Dann brauchen wir nur noch die Ruten gebündelt links in das Tragerohr hineinzustecken, die Gummischnur um Ruten und Futteral herumzuziehen und in das gegenüberliegende Einhängeloch der Seitenwand einzuhaken. Das Tragefutteral wird mit seinem linken Teil über die Schulter gehängt, der rechte hängt frei nach unten.

Wollen wir »nachts« unsere Angel auswerfen, dann müssen wir unsere Angelstelle schon vorher, also noch zur späten Tageszeit, vorbereiten. Dazu gehört auch, daß wir uns eine große helle Unterlage, hier z.B. einen hellblauen großen Plastikmüllsack oder eine große auseinandergefaltete Zeitung in mehreren Lagen so am Angelplatz auslegen, daß sie nicht im Weg liegt, sondern etwas seitlich davon und dann an ihren Ecken mit vier faustgroßen Steinen beschwert wird. Die Unterlage kann dann bei aufkommendem Wind nicht seitlich davongeweht oder von uns im Eifer des Drills davongerissen werden. Auf dieser Unterlage breiten wir

268

dann unsere Geräte aus, z.B. ein Sitz-kissen, Köderdosen, vorgebundene Vorfächer mit den für uns wichtigen

Helle Unterlage für Klein-gerät beim Nachtangeln

Hakengrößen, Leuchtposen, Werkzeug und eine Taschenlampe. Eventuell noch einiges mehr. Eine Unterlage aus Plastik hat vor der aus einer Zeitung oder sonstigem Material den großen Vorteil, daß sich hierauf die Gegenstände kaum einhängen, sondern sich leicht davon abnehmen lassen. Auch die »Brotzeit«, die Bierfla-sche und das Insektenschutzmittel gehören mit auf die Unterlage!

Gleichgültig, ob der Hänger in der Nähe, weiter weg, über oder unter Wasser oder steil nach unten wahrzu-nehmen ist, so können wir unsere »ver-hängten« Spinnköder oder Posen sehr schnell mit dem nebenstehend abgebil-deten »Universal-Lösering« retten, wenn wir ihn um die zum Hänger führende Angelschnur herumklemmen und dann mit der dickeren Löseschnur, an der der Lösering festgebunden ist, einige leichte-re ruckelnde und zuckelnde Auf- und Abbewegun-gen ausführen!

Universal-Lösering für jegliche Hänger

269

205

Bei dem Lösering handelt es sich um einen schweren Karabiner-Haken, den man häufig bei den Bergsteigern sieht. Wir befestigen ihn an einer kunststoffüberzogenen Wäscheleine.

Der Karabiner wird um die gestraffte Angelschnur herumgeklemmt und bis zur Hängestelle hinabgesenkt. Dann machen wir mit der Wäscheleine einige »harte« Auf- und Abbewegungen, damit der eigenschwere Haken jedesmal mit so einem richtigen harten »Rumms« auf das verhängte Gerät »herunterbumst«! Es wird dann nicht lange dauern und unser Gerät kommt wieder frei, wird zusammen mit dem Lösering und der dicken Löseschnur nach oben gezogen.

»Ausgetrocknete« Keschernetze haben den großen Nachteil, daß sie nicht gleich untersinken, sondern auf der Wasseroberfläche schwimmen! D.h., selbst wenn wir sie in einem eiligen Notfall zum Keschern eines größe-

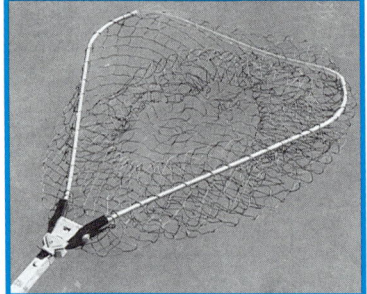

270

Kescher mit Senkhilfe

ren Fisches zwischen Hindernissen brauchen, und wir sie auch rechtzeitig griffbereit in der Hand haben, können wir sie trotzdem nicht benutzen.

Schnell beheben läßt sich dieses Manko jedoch, wenn wir ein Stück Gardinen-Bleischnur mit seinem mittleren Teil unten am Netz festbinden und dann ...

2

206

... diese Bleischnur am unteren Vorderrand des Netzes, jeweils in Halbmond-Form nach oben an den Netzmaschen befestigen. Auf diese Weise mit der Bleikette ausgestattet, senkt sich das Keschernetz immer schnell nach unten, so daß wir den Fisch blitzschnell keschern können und nicht erst einen Stein in das Netz hineinlegen müssen!

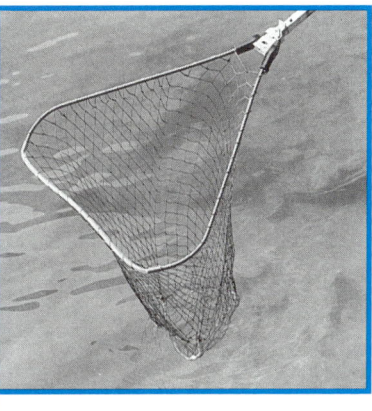

272

Wenn man gerade einen respektablen Beutefisch eingesackt hat und man sich so richtig freut, sollte man das nicht zu

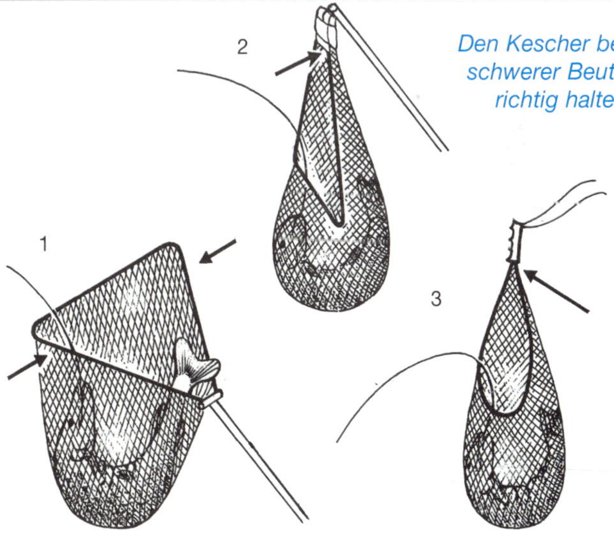

Den Kescher bei schwerer Beute richtig halten

273

207

früh und zu laut tun! Es kann nämlich noch eine ganze Menge Widriges passieren! Es kommt nicht nur darauf an, daß der große Fisch im Netz untergebracht ist, sondern auch darauf, daß man den Kescher mit dem Fisch sicher an Land hat, ehe der Kescher auseinanderbricht!

Leider wird hierbei sehr oft gesündigt, und dann fängt das große Wehgeschrei an. Wenn der Fisch im Keschernetz ist, müssen noch folgende Regeln beachtet werden:

1. Einen Teleskop- oder anderen Dreiecks-Kescher muß man, mit einem schweren Fisch darin, immer an den beiden Seitenbügeln (an den Pfeilstellen, also vorn an den Ecken) halten, damit sich die Seitenbügel nicht nach unten abbiegen und abbrechen! Und so muß man ihn auch an Land oder ins Boot hieven.

2. Oder aber man drückt auf den Druckknopf des Teleskopkeschers und läßt beim Heraustragen der Beute die beiden Seitenbügel einfach nach unten hängen!

3. Auch den Watkescher streckt man mit schwerer Beute nicht waagerecht und flach aus, sondern läßt ihn einfach schräg nach unten hängen!

Das war schon immer ein großes Problem. Wir schieben unsere Füße über algenbewachsenes Gestein, über Fels- oder

besonders Flins-Platten, verlieren plötzlich unser Gleichgewicht und fallen mit einem gewaltigen »Plumps« ins Wasser!

Um das zu vermeiden, was ja auch lebensgefährlich werden kann, basteln wir uns einfach einen »Gleitschutz« zum Unterschnallen unter unsere Gummistiefel. Zuerst zeichnen wir dazu unseren vorderen Fußteil auf ein dickeres Pappstück auf, umrunden ihn also (siehe

274

»Gleitschutz« für die Gummistiefel

nebenstehende Abbildung). Dann zeichnen wir einen etwa 2 cm breiten Rand dazu und schneiden die Gesamtform, also Fußfläche + Rand, mit einer scharfen Schere aus, übertragen sie zweimal auf dünneres Messing- oder Zinkblech und schneiden sie mit einer Blechschere auch hier aus.

Anschließend keilen wir den Rand an mehreren Stellen ein und bohren nun auf jeder Seite drei Löcher in den hochgeknickten Rand, durch die dann sechs Springringe geschoben werden. Die zwei Einschnitte in den Rand bewirken, daß man den Rand auch nach oben biegen und der Sohlenbiegung anpassen kann.

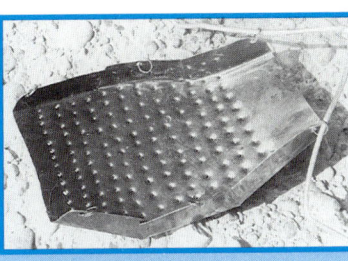

Hier noch einmal die fertige Gleitschutzform. Die Löcher auf der Fußfläche wurden schon mit einem spitzen Stahlnagel eingeschlagen. Aber nur so weit, daß sich auf der Gegenseite des hochgeknickten Randes ein kleiner rauher Krater bildet, den man übrigens stehen läßt und keinesfalls glatt feilt!

275

Durch die in die seitlichen Löcher geschobenen Springringe läuft später die 2 m lange Befestigungsschnur, eine kunststoffüberzogene Wäscheleine, die zuerst mit einer aufziehbaren Endschlinge in der Mitte um den Stiefel herumgelegt, dann zugezogen und jeweils über Kreuz durch die seitlichen Ringe bis nach vorne geführt und dort zweimal fest verknotet wird.

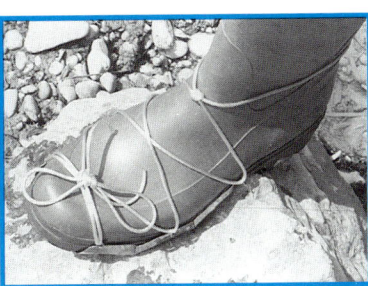

Hier wird noch einmal in Großaufnahme gezeigt, wie die Befestigungsschnur durch die Ringe gezogen und der Gleitschutz damit an der Gummistiefelsohle befestigt wird.

276

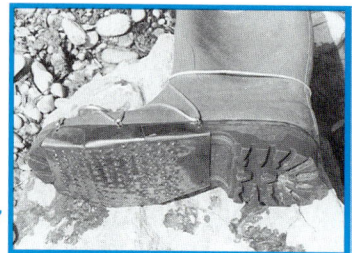

277

Und so sieht der an jeder Gummistiefelsohle anzubringende Gleitschutz fertig, in Großaufnahme aus. Er liegt eng an der Sohle an, auch mit den hochgeknickten Seitenrändern. Die Schnur hält den Gleitschutz unverrutschbar unter der jeweiligen Sohle fest!

Fische »freischütteln«, richtig einwickeln und räuchern

Man möchte es gar nicht glauben, wie oft hierbei gesündigt wird! Meist werden die Fische einfach nur in eine Plastiktüte geworfen. Mutter wird's daheim schon richten. Wenn man aber die Beute zur Eigenverwendung mitnehmen will und das, obwohl man den Fisch schon früh am Morgen gefangen hat und es ein heißer Tag zu werden verspricht, dann muß der Fisch unbedingt richtig verpackt sein, also vor allem trocken und feuchtigkeitsaufsaugend und stets im Schatten eines, wenn auch noch so kleinen Gegenstandes deponiert werden. Sonst kann nur ein Selbstmörder den Fisch später noch verspeisen wollen!

Was man alles zum Einpacken der Fische verwerten kann, steht im unten folgenden Bildteil dieses Unter-Kapitels.

Fängt man einen Fisch, namentlich zu dessen Schonzeit, was sich nicht immer ganz vermeiden läßt oder Fische, die das Schonmaß noch nicht überschritten haben, dann muß man diese Fische möglichst schnell und schonend wieder ins Wasser zurücksetzen. Ohne daß sie dabei irgendwie zu Schaden kommen!

Namentlich kleinere und mittelgroße Fische sollte man beim Hakenlösen möglichst gar nicht erst in die Hand nehmen, um ja ihre Schutzschleimschicht nicht zu verletzen oder sie bei Hin- und Herwinden zu stark zusammendrücken zu müssen! Man »schüttelt sie einfach nur vom Haken frei«. Sie werden dadurch in keinerlei Weise verletzt. Wie das gemacht wird, davon unten mehr.

»Räucherhaken«, mit denen zu räuchernde Fische im Räucherofen

210

aufgehängt werden sollen, gibt es zwar in den verschiedensten Formen. Aber meist handelt es sich dabei nicht um solche, die auch für größere Fische geeignet sind und diese sicher halten.

Es kann hier und da vorkommen, daß beim Angeln zu kleine Fische anbeißen, die das Schonmaß noch nicht überschritten haben oder auch Fische, bei denen die Schonzeit schon ange-

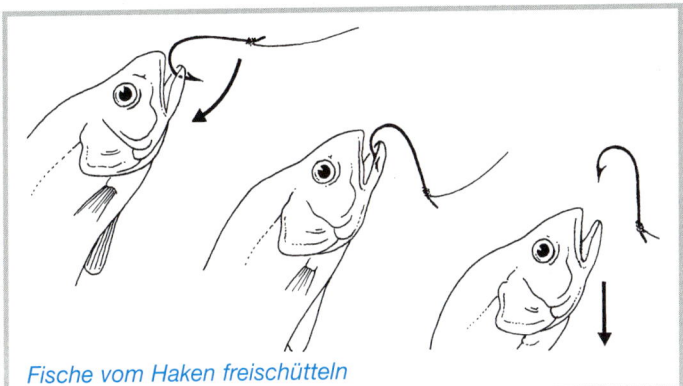

Fische vom Haken freischütteln

278

fangen hat bzw. noch andauert. Diese Fische müssen natürlich schnellstens und auf die schonendste Art und Weise wieder ins Wasser zurückgesetzt werden!
Um die Gefahr abzuwenden, daß die Fische dabei mit trockenen Händen berührt und ihnen die schonende Schleimschicht vom Schuppenkleid gerissen wird, berührt man sie beim Lösen des Hakens am besten gar nicht, sondern »schüttelt sie einfach frei«! Eine kleine Seitenbewegung mit der Hand genügt. Die Fische werden dabei nicht gesundheitsschädigend verletzt!
Man faßt dazu nur den vorn sitzenden Haken bzw. Köder am Hakenschenkel, fest zwischen Daumen und Zeigefinger, biegt den Hakenschenkel nach unten und den Hakenbogen nach oben, macht eine kleine, ruckartige Seitenbewegung und schon fallen die Fische vom Haken ins Wasser zurück. Natürlich nur, wenn sie den Haken weiter vorne sitzen, aber nicht tiefer hinuntergeschluckt haben!

211

Das Hakenfreischütteln kann man übrigens mit allen Hakenarten, kleinen und großen, Einzel- und Mehrfachhaken ausführen.

Fische können, selbst bei größter Sommerhitze immer absolut einwandfrei nach Hause transportiert werden, wenn man sie vorher stets in den Schatten legt und »absolut trocken einwickelt«!!

Man kann sie dabei und wird sie auch meist in eine alte, mitgeführte Zeitung einwickeln. Das Zeitungspapier dabei vollkommen ausbreiten und doppelt legen.

279

Zeitungspapier saugt am besten und schnellsten jegliche Feuchtigkeit

Fische immer möglichst trocken halten

ab! Man legt den Fisch längs darauf, schlägt man die beiden überragenden Seitenenden um und wickelt den Fisch erst jetzt vollständig in die Zeitung ein. So liegt er trocken und insektengeschützt in seiner Schutzhülle.

Man kann den Fisch aber auch in Pergamentpapier einwickeln. Allerdings jeden getrennt für sich, mehrere immer mit dazwischengelegten Papierschichten!

280

212

Sehr gut geeignet zum Fischeinwickeln ist auch saugfähiges Küchenpapier! Man kann sich ja einige zusammenhängende Stücke von einer größeren Küchen-Papierrolle abreißen und mitführen und erst am Wasser auf die gerade erforderliche Fischlänge abreißen.

281

Nie und nimmer aber dürfen tote Fische einfach nur »in eine Plastiktüte« geworfen werden! In der luftabgeschlossenen Hülle würde sich auf den Fischen sofort eine schleimige Feuchtigkeit bilden, der beste Nährboden für »Fäulnisbakterien«, die vor allem Feuchtigkeit brauchen, um existieren zu können. Einwickeln der Fische in alte Handtücher ist heute nicht mehr »in«, wo es so viele andere Möglichkeiten gibt. Sie müßten auch jedesmal gewaschen werden, da sie sonst ganz erbärmlich zu stinken anfangen!!

Gleichgültig, was wir nun zum Einwickeln der Fische benutzen, der Einwickelvorgang verläuft immer in folgender Reihenfolge: Der Fisch sollte von dem Einwickelmaterial beidseitig

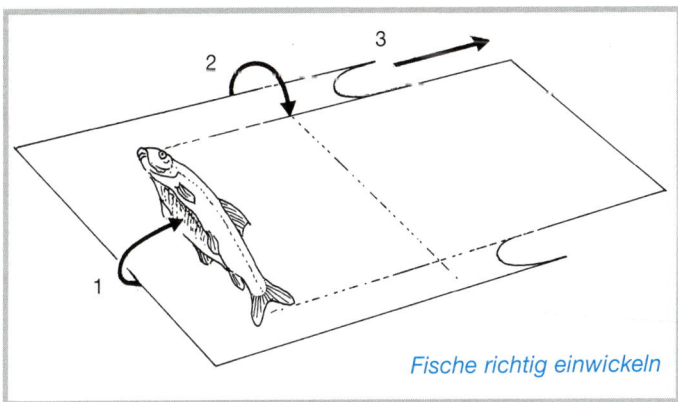

Fische richtig einwickeln 282

213

immer etwa 10 cm weit überragt werden. Dann schlagen wir erst die beiden seitlichen Streifen in voller Länge um, und nun erst (wenn der Fisch vollkommen umwickelt ist) rollen wir den Fisch vollends ein. Wenn er schon ausgenommen wurde, drücken wir den Papieranfang (1) in seine Bauchhöhle hinein, damit auch diese austrocknet.

Ein recht praktischer, etwa 50–60 cm langer Räucherhaken, auf dem auch große Fische sicher hängen bleiben, ohne gleich auszureißen, ist seitlich abgebildet.

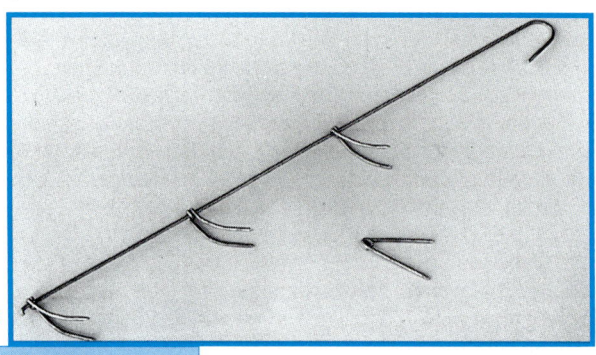

283

Praktischer Räucherhaken

Zuerst machen wir aus normalem Eisendraht (Kleiderbügeldraht, Ø 2–4 mm) die Längsstange und biegen den rechts oben ersichtlichen Haken daran. Dann biegen wir aus demselben Draht die unten ersichtlichen Drahtspangen V-förmig zurecht, deren Öse sich gerade straff passend, von unten her auf die lange Stange in den aus dem Bild ersichtlichen Abständen aufschieben lassen. Anschließend knicken wir das untere Ende der langen Drahtstange noch einige Millimeter rechtwinklig ab und zwicken dann mit einer Kneifzange das Ende bis auf etwa 2–3 mm Länge ab.
Die V-förmig wegstehenden Haken werden dann an ihren freien Enden noch etwas angespitzt und leicht nach oben abgewickelt, damit sie den Fisch, am Rückgrat von innen her eingedrückt, besser halten können. Die lange Stange wird den Fischen vom aufgeschnittenen Bauch und von hinten her mit dem Einhängehaken

214

durch den Schlund und vorn beim Maul heraus geschoben. Sind die Haken neben dem Rückgrat eingedrückt worden, schaut nur noch der Hakenbogen der langen Stange vorne aus dem Maul des Fisches heraus.

Richtig anfüttern

Zum »Anfüttern« gehört nicht nur das Wissen um die Anfütterungsköder, sondern vor allem auch das Wissen, wo auf die jeweils für uns interessanten Fischarten angefüttert werden sollte. Die ganz besonders großen einer bestimmten Fischart, z.B. kapitale Karpfen, treffen wir, vor allem im Hochsommer, an den Untiefen eines stehenden Gewässers an. Wenn man das Gewässer vorher nicht eingehend kennen gelernt hat, oder einem die genaue Ortslage dieser Untiefen, z.B. von einem guten Freund oder einem Ortsvertrauten verraten bekam, dann müssen wir versuchen, diese Stellen mit Hilfe einer genauen Ortskarte, am besten einer Generalstabskarte selbst zu finden.
Als absoluter Geheimtip gilt schließlich das »punktgenaue« Plazieren des Anfütterungs- und Angelköders am späteren Angelplatz. Man nimmt dabei die Natur mit zu Hilfe. Man beobachtet die Schattenbildung und vergleicht mit der Uhrzeit.

»Untiefen« in stehenden Gewässern sind immer ein hervorragender Angelplatz, vor allem im Hochsommer, weil das Wasser hier dann kühler ist! Wenn wir solche Untiefen selbst einer genauen Generalstabskarte nicht entnehmen können, dann sollten wir z.B. nach »Entenansammlungen« Ausschau halten. Die am und im Grund herumwühlenden Karpfen, Schleien und Brachsen wühlen viel Kleingetier und anderes nach oben, das sie selbst nicht fressen und auch sonstige Nahrungsbrocken, die ihnen nicht, den passierenden Enten sehr wohl aber interessant erscheinen!
Wenn wir genau aufpassen, können wir die Stelle, also die Bergkuppe der Untiefe, genau feststellen. Wir fahren mit dem Boot hin und werfen dann eine kleine Boje im Zentrum ab, z.B. einen dop-

pelt-faustgroßen Stein an 0,10 oder 0,15 mm starker Schnur angebunden und oben mit unscheinbarem kleineren Gezweig oder
einem Stückchen Styropor versehen. Die Bojenschnur wird so
dünn gehalten, damit später ein im Drill ihr nahekommender Fisch
sie sofort abreißen kann!

Untiefen in stehenden
Gewässern finden –
Entenansammlungen beobachten

284

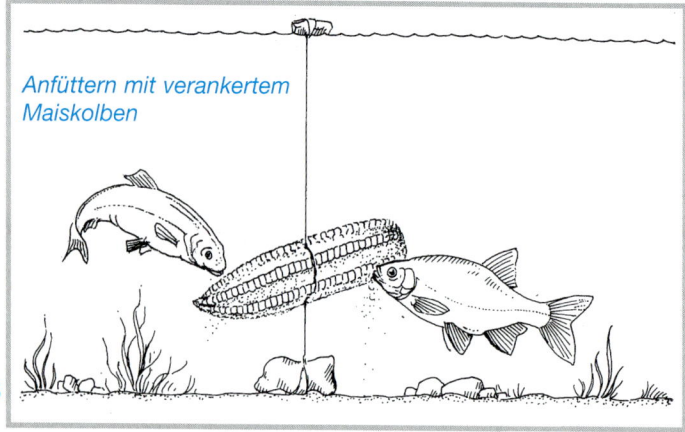

Anfüttern mit verankertem
Maiskolben

285

216

Füttern wir jetzt immer regelmäßig und möglichst zur gleichen Stunde hier an, können wir schon nach einigen Tagen dort mit dem Angeln beginnen. Aber das Boot sollte nicht näher als höchstens 8–10 m vom Zentrum der Untiefe entfernt verankert werden. Und keinesfalls harte Geräusche auf dem Bootsboden verursachen!

Empfehlenswertes Anfütterungsmittel ist auch der »verankerte« Maiskolben! Man löst aus ihm vorher jede zweite Körnerreihe, damit ihn die Fische besser anknabbern können, bindet ihn in seiner Mitte an, etwa 30 cm unter ihm einen faustgroßen Stein als Anker und darüber an einer Schnur (0,10–0,15 mm) eine winzige Boje, z.B. aus einigen kurzen Schilfhalmen.

In diesem Fall gestaltet sich alles ähnlich, wie schon oben (bei der ersten Variante) erwähnt. Im Grundschlamm herumwühlende Karpfen, Schleien und große Brachsen wirbeln Klein-

Untiefen in stehenden Gewässern finden –
Herabstoßende Schwalben 286

217

tierchen hoch, die sie selbst übersehen oder nicht fressen, wohl aber die »Schwalben«, die auf sie dauernd herabstoßen. Damit zeigen sie uns natürlich an, was da unten vor sich geht und daß da unten höchstwahrscheinlich eine Untiefe mit starkem Fischbestand liegt.

Dann verläuft alles, wie schon vorher oben erwähnt. Wir versuchen das Zentrum der herabstoßenden Schwalben zu finden, montieren eine Boje an möglichst dünner Schnur und füttern dort zumindest mehrere Tage regelmäßig an, ehe wir das erste Mal unseren Angelköder dort auswerfen.

Die Karpfen können bei trübem Wetter den ganzen Tag über und werden bei klarem Wetter hauptsächlich in den frühen Morgen- und späten Abendstunden »springen«. Aber sie tun es auf jeden Fall, und dies »meist in unmittelbarer Nähe von Untiefen«! Wir machen wieder ihr »Sprungzentrum« aus, verankern dort eine kleine unscheinbare Boje zum genauen Markieren der Anfütte-

Untiefen in stehenden Gewässern finden – Beobachten von »Karpfensprüngen«

287

218

rungsstelle, füttern dann dort zumindest einige Tage regelmäßig an, bevor wir mit dem Angeln beginnen.

Sofern Spaziergänger regelmäßig Enten und Schwänen Futterbrocken zuwerfen, locken sie damit zugleich größere Friedfische an, die sich gierig über die nach unten absinkenden Futterbrocken hermachen. Das Geflügel frißt oben an der Wasseroberfläche und die Fische darunter.

Am Futterplatz von Enten und Schwänen findet man auch Karpfen 288

Werfen wir unseren Friedfischköder später in der Nähe dieser Futterstelle aus, können wir noch so manchen Karpfen keschern!

Große Friedfische lassen sich auch gerne derart anfüttern, daß man selbst schwimmendes Anfütterungsmaterial in einen Zwiebel- oder Obst-Netzbeutel steckt und diesen dann, mit Ankerstein und an 0,15–0,20 mm starker Schnur am Anfütterungsplatz versenkt. Der Beutel sollte etwa 30–80 cm vom Gewässergrund »auftreiben«.

219

289 *Mit dem Anfütterungs-Netzbeutel auf Erfolgskurs*

Dort unten wird er von mit Booten herumfahrenden Kindern und Urlaubern nicht entdeckt und ist vor Zerstörung ziemlich sicher. Einige Fische finden sich dort immer ein. Erst wahrscheinlich die kleinen und später dann sicherlich auch die größeren.

Wollen wir unsere Anfütterungs- und später auch unsere Angelköder »punktgenau« an einer bestimmten Stelle einwerfen, dann ist auch das durchaus möglich! Am gegenüberliegenden Ufer werden wir immer Landzungen, große Büsche und Bäume, einzelne Häuser, fernliegende Kirchtürme und ähnlich markante Gegenstände sehen. Nehmen wir ihren Reflexionsschatten auf der Wasseroberfläche ins Auge und werfen z.B. auf den »auf dem Kopf« stehenden großen Baum zu. Eine gewisse Entfernung davor, dann haben wir schon einmal die genaue Wurfrichtung ausgemacht. Das sollten wir aber möglichst immer zur gleichen Ortszeit machen, da dann die Reflexionsschatten immer gleichlang plaziert sein werden! Werfen wir z.B. hier das Anfütterungsfutter (1) in Richtung der Spitze der langen Tanne ein (x), und merken uns eventuelle kleine

Anfütterungs- und Angelköder punktgenau einwerfen **290**

Abweichungen der Auftreffstelle, z.B. nach links oder rechts, nach vorne oder hinten, dann auch kann eigentlich gar nichts mehr schiefgehen. Zielsicher werden wir dann auch unseren eigentlichen Angelköder (2) in der unmittelbaren Nähe des Anfütterungsplatzes plazieren können!

Insektenstiche

An manchen, besonders den schwülwarmen Sommertagen und -abenden können die Stiche der Insekten ganz schön zur Plage werden, wenn uns diese beim Ansitz auf den großen Friedfisch, auf Aal oder Waller, schier aufzufressen drohen! Selbst im weit draußen verankerten Boot sind wir nicht davor sicher, von den Stechmücken nicht doch gefunden zu werden. Und hier dürfen wir nicht einmal wild um uns schlagen, da die sonst vom schwankenden Boot ausgehenden Druckwellen uns sofort den in der Nähe weilenden Fischen verraten würden.

Also heißt es, ruhig sitzen zu bleiben, selbst wenn das Einreibemittel gegen Mücken nicht besonders wirksam ist.

Übrigens, recht gut wirken auf dem Boden des Bootes verteilte Mottenkugeln! Sie vertreiben die gerade angreifenden Mückenschwärme sofort und ihre Wirkung hält auch ziemlich lange an. Für uns selbst schädigend wirken die Mottenkugeln nicht. Also keine Bange, sie anzuwenden. Übrigens können später die übrig gebliebenen Reste der Mottenkugeln mit einem Handschuh oder einem Stück Papier wieder eingesammelt und in einem Schraubglas aufgehoben werden.

»Insektenstichen«, vor allem von »Stechmücken« und »Wespen«, kann der Angler auch vorbeugen! Wenn er nämlich ein bis zwei Stunden vor dem Angelausflug in einem Glas Wasser 2 bis 3 Löffelchen Backhefe auflöst und hinunterschluckt. Auch Vitamin B_{12} hat schützende und vorbeugende Wirkung!

Hat uns das Insekt aber »schon gestochen«, lassen mehrere »Gegenmittel« Entzündung und Schwellung gar nicht erst aufkommen bzw. ziemlich schnell wieder verschwinden!

Entweder legen wir eine »frisch angeschnittene kleine Zwiebel« auf den Einstich oder reiben die Wunde damit ein. Sehr wirksam ist auch ein »mit Speichel benetztes Zuckerstück«, das wir auf die Wunde legen oder um diese herumreiben. Und als drittes Gegenmittel seien »Spitzwegerichblätter« empfohlen, die man in kleine Stückchen zerreißt oder zerschneidet, dann noch etwas zerdrückt, damit sie saftig werden und dann mit Hilfe eines breiteren Streifchens Pflaster auf die Wundstelle preßt und dort beläßt!

Insektenstiche verlieren sehr schnell ihre manchmal bös ausartende Wirkung, wenn man sie (kurz nach dem Verspüren des Stiches) mit einer frisch angeschnittenen kleinen Zwiebel oder

291

einem kleinen speichelbefeuchteten Zuckerstück langsam überreibt bzw. diese Mittel direkt auf die

Sehr wirksam: Mit frisch angeschnittene Zwiebel oder ein mit Speichel befeuchtetem Zuckerstück

Wunde oder Geschwulst liegen läßt oder mit einem breiten Pflaster auf diese draufpreßt! Beide Mittel ziehen das Gift aus der Wunde und machen sich schon nach kurzer Zeit mildernd bemerkbar.

So schaut der Spitzwegerich aus. Wir finden ihn auf jeder Wiese. Wir nehmen die kleineren, in der Mitte gelagerten Blätter. – Sie werden in kleine Stücke zerrissen oder zerschnitten und ein

Auch Spitzwegerich hilft hervorragend.

292

223

wenig zerstampft, damit sie auch schön »saftig« werden. Nun benötigen wir noch ein breiteres Stückchen Heftpflaster, das wir auf der einen Seite der bereits dunkelrot angeschwollenen Stichstelle hier am vorderen Zeigefingerglied ankleben.

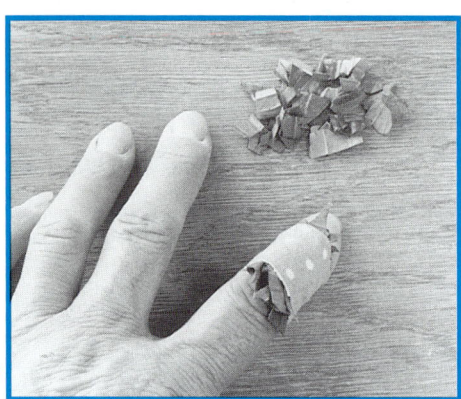

293

Wir drücken es dort noch ein wenig an. Dann stopfen wir einen möglichst großen Spitzwegerichhaufen unter den Mittelteil des Pflasters, ziehen dieses über der Wunde möglichst straff und kleben dann die andere Pflasterseite auf der anderen Fingerseite fest. Wir drücken beidseitig noch etwas auf die Pflasterenden. Fertig.

Lösen von Haken

Zum Schluß sei noch auf die Möglichkeit hingewiesen, wie man einen Angelhaken aus einer »Einstichstelle in der menschlichen Haut oder aus Stoff« löst, ohne größere Gewebeschäden hervorzurufen.

Das ist gar nicht immer so leicht, schließlich hindert uns der Widerhaken daran, »den Haken nur einfach rückwärts aus der Einstichstelle herauszuschieben«.

Wir fassen daher den Haken zuerst ganz fest zwischen Daumen und Mittelfinger der rechten Hand am Hakenschenkel (1) und pressen nun die Zeigefingerkuppe ganz fest von oben her, am Ansatz des Hakenbogens, auf diesen (2) und drücken ihn fest nach unten. Dadurch wird der Widerhaken in seiner Hängestelle ebenfalls ganz fest nach unten gepreßt (3).

224

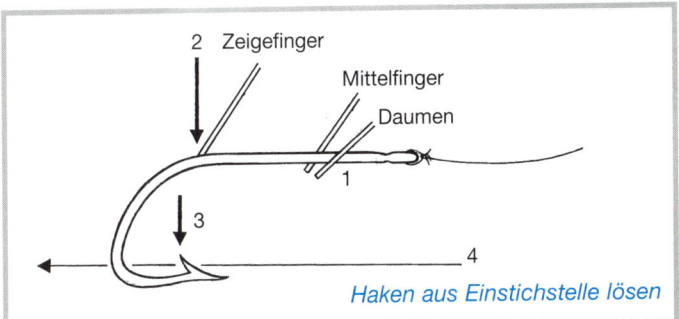

2 Zeigefinger
Mittelfinger
Daumen
1
3
4
Haken aus Einstichstelle lösen **294**

Ist das der Fall, brauchen wir den Haken anschließend nur noch aus der »Stoff- oder Fleischeinstichstelle«, wie auf einer Schlittenkufe rückwärts aus der Öffnung herausdrücken (4). Fertig! Wichtig ist allerdings, daß wir den Haken auch dabei mit der Zeigefingerkuppe weiterhin fest nach unten pressen!

SACHWORTVERZEICHNIS

Für die Angelpraxis

Kurt Seifert / Alexander Kölbing
So macht Angeln Spaß
Handbuch der Angelfischerei:
heimische Süßwasserfische mit
Kennzeichen und Biologie, Angel-
tips, wirtschaftlicher Bedeutung;
Angeltechniken und Geräte,
rechtliche Bestimmungen.

Alexander Kölbing
**Fischerprüfung
leicht gemacht**
Der gesamte Prüfungsstoff für die
staatliche Prüfung zur Erteilung
eines Fischereischeins: allgemeine
und spezielle Fisch-, Geräte- und
Gesetzeskunde.

John Bailey
**Das neue Praxis-Handbuch
Angeln**
Das große Handbuch für die Angel-
praxis mit über 700 farbigen Abbildungen: der Fang von Raubfischen
und Salmoniden, das Angeln mit
Naturködern, umfassende Porträts
der einzelnen Fischarten – mit
Angelmethoden, Ausrüstung
und Zubehör.

Ekkehard Wiederholz
**Angelerfolg an unbekannten
Gewässern**
Grundwissen, um sich an fremden
Gewässern orientieren zu können:
gute Angelstellen, Angeltaktik und
-technik, Geräte und Köder.

Wolfgang Schulte / Hans Eiber
Fliegenfischen in aller Welt
Spannende Erlebnisberichte mit
brillanten Farbfotos, fundierte Informationen zu Ausrüstung, Taktik
sowie probater Erfolgsfliegen,
Praxistips zur Reiseplanung, Bild-
tafeln von Fliegenmustern und
ihre Anwendungsbereiche.

Hans-Peter Kirchner
**Mehr Erfolg
beim Fliegenfischen**
Der Schnupperkurs für Einsteiger:
Ausrüstung, Insektenkunde,
Fliegenimitationen, Anbiete-Tech-
nik; Fliegenfischen auf Friedfische,
auf Karpfen, Hecht, Barsch, Zander
sowie auf Lachs, Meerforelle und
Huchen; Fliegenfischen an Berg-
seen und Talsperren, Tips zur
Urlaubsplanung usw.

Mike Dawes
Handbuch Fliegenbinden
Schritt-für Schritt-Anleitungen mit
vielen Zeichnungen und Fotos zum
Binden aller international bewährten
Fliegen – Nymphen, Trockenfliegen,
Naßfliegen, Großfliegen, Streamers,
Lachsfliegen.

Peter Owen
**Angelknoten-Fibel
für unterwegs**
An jedem Gewässer immer dabei –
die Knoten-Fibel im handlichen
Westentaschenformat mit präzisen
Bindeanleitungen in Schritt-für-
Schritt-Zeichnungen: die 24 wichtigsten Verbindungen von Schnur
zu Schnur oder von Schnur
zu Haken.

Die besten Fischrezepte

Erna Horn/
Hedwig Maria Stuber
Fisch in der Küche
Hochgenuß auf leichte Art: das
Standardwerk der modernen Fisch-
küche mit vielen erprobten, leicht
nachvollziehbaren Rezepten,
umfassenden Anleitungen zur
Küchenpraxis und informativem
Fischarten-Lexikon.

Francis Ray Hoff
Fische räuchern
Das Basiswissen für die Räucher-
praxis zu Hause: Geräte und Zubehör,
Räuchermethoden, Vorbereitung
der Fische, geeignete Fischarten mit
ihren Besonderheiten und rund
50 Rezepte – vielfach erprobt und
leicht nachvollziehbar.

Im BLV Verlag Garten und Zimmerpflanzen • Wohnen und Gestalten • Natur • Heimtiere • Jagd •
finden Sie Bücher Angeln • Pferde und Reiten • Sport und Fitness • Tauchen • Reise • Wandern,
zu folgenden Themen: Alpinismus, Abenteuer • Essen und Trinken • Gesundheit und Wohlbefinden

 Wenn Sie ausführliche Informationen wünschen, schreiben Sie bitte an:
**BLV Verlagsgesellschaft mbH • Postfach 40 03 20 • 80703 München
Telefon 089/127 05-0 • Telefax 089/127 05-543**